ちくま新書

大学受験のための小説講義

石原千秋
Ishihara Chiaki

371

大学受験のための小説講義【目次】

はじめに

受験国語で、評論なら解けるのに小説だとからきし解けない人がいる。だいたいは「センスないなぁ」ということでかたづけられてしまうものだ。小説の読解は「もともと出来る人は勉強しなくても出来るし、出来ない人はどんなに勉強しても出来ない」ジャンル、つまり「勉強してもしなくても変わらない」ジャンルだと思われているようだ。すでに社会人になっている人でもきっといるだろう、受験の小説が苦手だったから自分は小説オンチだと思いこんでいる人が。でも、決してそんなことはない。

僕たちは、ときどき「あれは小説が読める人だ」とか、「あの人は小説が読めない」という言い方をすることがある。研究者仲間でもそういう言い方をすることがあるし、実際そう思うことがある。もちろん、小説は誰にでも読めるものだし、楽しめるものには違いないが、それにもかかわらず現実にこういう言い方が成立しているのだ。最近は、カルチュラル・スタディーズなどと称して、とにかく資料を並べ立てる物量作戦に頼った研究方法が開発されたので、「小説が読めない」研究者はホッと一息ついていることだろうが、物量作戦に頼ることができず、目の前にある小説の本文だけを頼りに勝負しなければならない国語教育の世界、なかんずく受験国語では、小説が読めるか読めないかは死活問題なのである。

では、どういう人が「小説が読める人」と言われ、どういう人が「小説が読めない人」と言われるのだろうか。

小説が読める読めないという言い方には、たとえば評論が読める読めないという言い方とはまた違った響きがある。評論が読めない人は単に読解力が足りないか、もっと悪い場合でも単に頭が悪いというほどの意味しか持たない。もちろん、どちらにせよ「バカだ」と言われるようなものだから気持ちのよかろうはずもないが、さすがに人格まで否定された感じは持たないですむ。

ところが「小説が読めない」となると、穏やかな気持ちではいられないものだ。芸術一般がわからないということなら趣味の問題だが、「小説が読めない」となるとそれとはちょっと違う微妙なニュアンスを伴うからだ。人生の機微のわからないつまんない人、人の気持ちがわからない朴念仁《ぼくねんじん》、「小説が読めない」という言い方にはそんな響きがある。人格まで否定されるほどの感じはなくとも、人間として感情の方面や感性の方面に大きな欠陥があるように感じさせられるところがある。小説だけに起きるこういう感じは、どういうところからやってくるのだろうか。

たとえば、同じ文章でも、小説と評論とでは読み方が違うのだ。ごく単純化して言えば、評論は書いてあることが理解できれば読めたことになるのに対して、小説は書いてないことを読まなくては読めたことにならないのである。受験国語であれば、評論は書いてあることを別の言葉で説明し直せば答えたことになるのに対して、小説は書いてないことに言葉を与えなければ答えたことにはならないということだ。

人生の機微をくどくど説明した小説は二流だし、人の気持ちは書き込むものではなく読み取るものだ。そういうことは読者の仕事なのである。それはたしかに、いくぶんか読者の人格に触れる仕事だと言える。だから、評論の読解では「頭の良さ」だけが問題となるが、小説の読解では「想像力」が問題となるのである。俗に言う「行間を読むこと」が、小説には求められるわけだ。それの出来る人が「小説が読める人」で、それの出来ない人が「小説が読めない人」だ。

「行間を読むこと」に才能が関わることは否定しない。たしかに、「読める」人ははじめから「読める」のだ。しかし、「想像力」の働かせ方をきちんと学べば、多くの人は「読める」ようになる。ことに受験国語の小説であれば問われることは限られているから、勉強の仕方さえ間違えなければ多くの人は「読める」ようになるのである。小説の読解が「もともと出来る人は勉強しなくても出来る」のは事実だが、コツさえ摑めばそうでない人も「出来る」ようになるものなのだ。

この本は「大学受験のための小説講義」だ。だから、本式に「小説を読める人」を養成することを目的としてはいない。そのためにはそれこそ本式の文学講義が必要で、それにはまた別の機会を考えている。しかし、たとえ「大学受験のための小説講義」であっても、十分に「小説が読める人」に近づくことが出来ると思っている。

というのは、大学受験の小説こそが「書いてないこと」を聞いているからにほかならないからだ。なによりも「行間を読む」ことが求められるのが、大学受験の小説なのである。だから、「書いてないこと」にどうやって言葉を与えればいいのか、その基本を学ぶことが出来るのだ。しかも、国公立大学の二次試験では、設問のほとんどがあらかじめ読み方を指定してしまっている記号式ではなくて、読むポイントだけが指定してある記述式で問われているために、ゼロに近い地点から言葉を紡ぎ出さなければならないのである。繰り返すが、それは「想像力」の仕事である。

その上に、毎年入試国語に小説を出題する大学は少数の例外を除いて十数校の国公立大学の二次試験に限られるけれども、問題文がバラエティーに富んでいて、過去五年分から十題を選りすぐっただけでも、物語風のものからほとんど評論と呼びたくなるものまで、実にさまざまな小説を読むことが出来るのである。そういうわけで、「大学受験のための小説講義」であっても、十分に「小説を読める人」に近づけるのだ。

もっとも、多くの大学受験生は、むしろいまや国民的行事となった観のあるセンター試験の小説にこそ悩まされていることだろう。全問記号式のセンター試験の小説を解くには、ある種のコツが必要だ。センター試験の小説は、多くの場合かなり強い思いこみによって設問が作られているから、いったん出題者と読みの枠組がズレてしまうと、全問不正解の憂き目に会うことさえある。そんなことにならないように、この本ではまずセンター試験の小説を、五つの法則を使いながら四題解いて、受験国語の小説の解き方をじっくり研究する。その方法は大学受験小説一般に通用する。だから、国公立大学の二次試験にも応用が利く。

いま、その方法を早手回しに一言で言ってしまえば、メタファーで解くということだ。書いてあることをなにかにたとえて読むことである。これは決して難しい方法ではない。ないどころか、誰でも多かれ少なかれやっていることなのである。「もともと小説が読める人」とは、ほとんど意識せずにそれが上手に出来てしまう人のことなのだ。だとすれば、「小説が読めない人」はそれが自覚的に出来るようになればいいことになる。この本では、そのためのアドバイスをしたいと思っている。でも、実はそれこそが「小説が読める人」にとっても良質の小説入門になるはずだと、僕は思っている。だから、小説を読む方法に自覚的になってほしい。その願いが、僕にこの本を書かせたのである。

最後にこの本の構成について一言。

序章「小説は何を読むのか、あるいは小説は読めない」は全体の序章も兼ねていて少し理屈っぽいから、理屈に弱い人とお急ぎの方は最後に読んでもかまわない。でも必ず読んでほしい。

第一部ではセンター試験の小説を解くレッスンをする。四題の問題にじっくり取り組んで、小説の読み方の基本を学ぶことにしたい。それは、「小説」からいかに「物語」を取り出すかということにつきるが、これは決して難しい作業ではない。また、ここでは先に述べた五つの法則の使い方をしっかり身につけることにもしたい。

第二部では国公立大学二次試験の小説を解く。ここでは、「物語」と「小説」の違いについても講義してみた。ここで言う「物語」と「小説」は第一部で言うそれとは微妙に重なっていて、また微妙にズレてもいる。では、「物語」と「小説」はどう違うのか。それは、書き方の違いであり、また読者のかかわり方の違いでもある。詳しくは、読んでのお楽しみ。全体として、第二部ではアンソロジー風に小説を楽しみながら読めたらと思っている。

なお、受験小説を解くための五つの法則は一六四ページに箇条書きにしておいたから、気になる読者ははじめにそれらを確認しておくといいだろう。この本自体を読み物として楽しんでもらうために、あえて最初に示すことをしなかったのである。

では、大学受験小説の勉強を始めよう。

序章

小説は何を読むのか、あるいは小説は読めない

†小説の何が読めないのか

僕たちは、ふだんごく自然に小説を読み、そして「面白かった」とか「感動した」とか、そんな感想を抱く。自分の力で読んだことがすべてで、それ以上の読み方は出来ないし、それ以下の読み方も出来ないと思っている。もちろん、趣味で読んでいるときはそれで一向にかまわないが、小説について少しでも知的に語ろうとするともう言葉が出て来ないという経験は、誰にでもあるものだ。そういうときには、こんな風に思ってしまいそうだ。「どうして、自分には小説が読めないのだろうか」と。

特に、試験場で小説を目の前にしたときには、そういう感じは強くなる。実は、受験小説は小説の読み方としてはかなり偏りがあるのだが、一般にはほかに小説の読み方を試す機会がないから、あれが普通の小説の読み方だと思い込まされてしまう。でも、よく考えてみれば、僕が研究

者として小説をさまざまな読み方で読む方がむしろ特殊な経験なのである。だからこの本では、受験小説を採用することで、一般の人の基準で「小説が読める人」になるためのレッスンをしようと思ったわけだ。本当のところ、それが僕たちがふだん読んでいるリアリズム小説の読み方の基本を学ぶことなのである。

「試験場で読む小説はどうも苦手だ」と思ったとしたら、たぶんそれにはわけがある。受験小説では、普通に趣味で読むのとは違って、「小説を読むこと」は「書いてないこと」を読むことだからである。すなわち、「行間を読むこと」が「小説を読むこと」なのだ。だって、書いてあることならわざわざ設問で聞く必要がないのだから。では、何が「書いてないこと」なのかと言えば、登場人物の「気持ち」である。だから、受験小説では「気持ち」が問われることが圧倒的に多い。つまり、受験小説では「気持ち」こそが「行間」に隠されていると考えられていることになる。これにはリアリズム小説の本質に関わる二つの理由がある。

一つ目の理由は、受験小説のほとんどが出題されているリアリズム小説の技法に関わることだ。リアリズム小説とは、出来事がいかにも現実に起きたように書いてある小説で、目に見えるものだけを「客観的」な「事実」として書く技法によって成り立っている。しかしその実、リアリズム小説は目に見えないもの、すなわち登場人物の「気持ち」を読み取ることを重視した小説でもあるのだ。なぜそうなるのか、説明すればこうなる。

リアリズム小説の書く「事実」はたしかに「事実」である。しかし、「事実」が人生にとってどういう意味を持つのかは人の「気持ち」が決めることだ（ここで言う「気持ち」とは、少し高級な言い方をすれば「内面」であり、もっと高級な言い方をすれば「自我」である）。「事実」が人生にとって持つ意味こそが「真実」と呼ばれるものである。人間を外側から見たように書くその技法とは裏腹に、目に見えない「気持ち」にこそ「真実」が宿っていると考えるのが、リアリズム小説なのである。ここに、受験小説で「気持ち」ばかりが問われる理由がある。

†小説の言葉には隙間がある

二つ目の理由は、小説の言葉の本質に関わる事柄である。それは、小説の言葉はもともと断片的で隙間だらけのものだということだ。小説の言葉が世の中のことを余すところなく書くことができるのなら、たとえ受験の小説でもそう問うことは残されてはいないはずだ。しかし、もともと小説の言葉にはそういうことは出来はしないのだ。

夏目漱石は〈ある人の一日を知るには、一日分の活字を読まなければならない〉という意味のことを言っているが、もちろんこれは言葉の綾であって、実際には一日中活字を読んでもある人の一日を十分に理解できるわけではない。逆に、場合によっては「今日一日なにもなかった」という味も素っ気もない一文だけで、十分にその人の一日を伝えることも出来るだろう。ここでは、言葉の隙間こそが重要な働きをしていると言える。小説の言葉とは不思議なものなのだ。

ただし、言葉の隙間の問題が受験小説で「気持ち」が問われる理由に辿り着くまでには、かなり長い説明が必要になる。「小説講義」が必要になる所以《ゆえん》だ。以下、言葉の隙間の問題について考えてみよう。

たとえば、断片的で隙間だらけなのにあたかも出来事が連続しているように見せかけることは、小説という芸術にとってまずはじめにやらなければならない事柄である。小説は長い時間をかけてそういう技術を鍛えてきた。試みに、次の文章を読んでみてほしい。


朝九時に起きると、僕は歯を磨いてから朝食を取って、急いで玄関を出た。


僕がいま即興で書いたからバカみたいな文章だが、どこかの小説にでもありそうな文章でもある。そして、こんな文章でもいくつかの問題を孕んでいるのである。

この文章は、朝起きてから出かけるまでの出来事が、順を追ってごく普通に書いてあるように読める。しかし考えてもみてほしいのだが、これだけのことがもし仮に連続して起きていたとしたら、この人物は玄関に蒲団を敷いて歯ブラシをくわえたまま寝ていて、かつそのまま玄関であらかじめ準備の出来ていた食事を取ったことになる。その上、背広姿で寝ていたとでも言うのだろうか。

そんなバカなことは普通やらないという僕たちの常識が、この文章を不自然には見せないのである。読者は、この文章に書かれなかった多くの動作――蒲団から出るとか洗面所に行くとか朝食を作るとか着替えるとか、そういう動作を自分の経験に照らして補って読む。つまり、知らず知らずの間に、言葉の隙間を埋めているのである。僕たち読者は、意識せずに実に多くの仕事をしているのだ。その結果、断片的で隙間だらけの文章が連続しているかのように感じられるのである。このことを書き手の側から言い換えると、あたかも連続しているかのように書く技術が、読者に連続しているように読ませるのだということになる。

ついでに言うと、「朝九時」に起きたこの人物は、どうやら遅刻しそうになって「急いで」仕度をして家を出たように読める。しかし、よく読んでほしい。文章は「急いで玄関を出た」とだけ書いてあるのであって、朝の仕度全部を「急いだ」とはどこにも書いてはいないのである。ゆっくり朝食を取って、のんびりと歯を磨き、それで遅刻しそうになったので、出かけるときだけ「急いだ」のかもしれないのである。前後の文脈がないから何とも決めようがないのだが、こういう細部を読み取るのも読者の仕事だ。

どうやら、小説の読者はよく仕事をする働き者でなければならないようだ。だが、それは小説の言葉が断片的で隙間だらけだからばかりではない。

†古典は隠している

ここで、言葉の隙間の問題のヒントを得るために、古典がなぜ古典たり得るのか、つまり古典はなぜ時間による風化から守られるのかという問題について考えてみよう。

たしかに、時間は決して止まらず、どんな小説をも古くさせる。時間の経過はリアリティー（ほんとうらしさ）を奪うばかりでなく、書き込まれた言葉や物事を理解できなくし、読者を小説から遠ざけるだろう。ここで、「いや、古典には時間を超えた普遍性がある」などと甘っちょろいことを言うつもりはまったくない。古典が古典たり得るのは、多くの読者による読み直しの努力の賜《たまもの》だからである。

たとえば、新しい時代の新たな読みが小説に新しい命を吹き込むことがある。つまり、時間が小説を「新しく」することがあるのだ。これが、ふつうに言う古典の読み直しだろう。しかし、時間の経過によっていったん忘れ去られたからこそ、当時は常識だった事柄があたかも「新しい」読み方であるかのような新鮮さを感じさせることだってある。文学研究で行われる「注釈」という作業の多くは、そういう「当時の常識」を「復元」する地道な仕事だ。実は、時間による風化があってはじめて読み直しが可能になることに気づいてほしい。さまざまな偶然によるところも少なくはないだろうが、そういうことをしてもらえる作品が古典となるのである。

しかし、これとは違った別の意味での時間による風化がある。それは、読者の解釈によって言葉の隙間が埋め尽くされ、それ以上新しい読みを生まなくなることだ。そうなれば、誰が読んでも同じ読み方しかできないことになる。それは、小説にとって死を意味する。そこで、小説の言葉が断片的で隙間だらけであることを知り尽くした小説家、そして小説の読者が「想像力」で次々と断片をつなげ、隙間を埋めるような勤勉家であることを知り尽くした小説家なら、言葉の断片性を逆手にとって読者を欺くことで、自分の書いた小説をこうした時間による風化から守ろうとするだろう。すぐれた小説家は、最も大切な宝物をみすみす見えるところに置いたりはしない。隠すのだ。もちろん、宝物が多く隠されている小説が古典の名に値する。

実際、現代の古典とも言える夏目漱石の小説の研究をしていると、もう百年も前に書かれた小説なのに、そして個々の小説について多い場合にはこれまで五百本以上の論文が書かれているのに（高校国語の定番『こゝろ』の場合がそうだ）、いまだにドラスティックな読み換えが起きたり、小説の細部について新たな解釈が現れ続けたりするのを見ることになる。その中のいくつかは、新しい時代が読ませた新しい読みで、そんな風に読まれることは、たぶん漱石自身も予想だにしなかっただろう。しかし、その中のいくつかは、はじめから小説に埋め込まれていた宝物を百年かかって探し当てたようなものなのだ。こちらの方は、きっと漱石も「やっとわかったのかい？」とニヤリと笑っているに違いない。

きれいな言葉で言えば、そういう楽しみを味わいたい一心で、僕は漱石の小説を読み続けている。もっと率直な言葉で言えば、自分自身も新たな読みを「発見」したいという研究者としての野心が、僕に漱石の小説を読み続けさせるのである。少なくとも、僕には漱石の小説が近代文学の中で最も新しい時代による新しい読みの可能性を持っているように思われるし、多くの宝物を隠しているようにも感じられる。僕自身は、いまでも「小説は作者のものではなく、読者のものだ」とか、「作者より読者の方が頭がいい」などと生意気なことを言う研究者だが、実は本音では「作者の才能というものを認めないわけにはいかないな」という謙虚な気持ちも持っているのだ。研究者としては突っ張り続けてきた僕がこういうことを書けるようになったのも、年齢のなせる技なのかもしれない。年を取るのも、悪いことばかりではなさそうだ。——話を戻そう。

†小説家は書かない

では、小説家はどうやって宝物を埋め込むのだろうか。その一つの方法は、肝心の事柄を省略して書かないことである。宝物を埋め込むと言うより、穴だけ掘ってあると言うべきだろうか。読者は「ここには何が埋めてあるのだろう?」と、中を覗き込むことになる。もっとも、不注意な読者は穴に気づかずに落ちる。いや、落ちるならまだいい方で、気づかずに通り過ぎてしまう。そういうことが何年も続いて、はじめて自分が「ここに穴がある!」と言える「発見」の喜びは何物にも換えられない。では、何が埋まっているのか。たぶん、何も埋まってはいない。読者はお好みの宝物を自分で「発見」すればいいのだ。

実例を示して説明しよう。次の文章は「隙間の名手」川端康成の『千羽鶴』という小説の一節である。よーく読んでほしい。

文子は茶筅を上げる時に、黒い目も上げて、菊治をちらっと見たが、すぐに掌《てのひら》の上で唐津の茶碗を廻《まわ》す時は、そこに目を注いだ。

そして、茶碗といっしょに文子の目も、菊治の膝の前へ来た。

文子が流れ寄って来るかと、菊治は感じた。

今度は母の志野を前におくと、茶碗がかちかち縁にあたって、文子は手を休めた。

「むずかしいわ。」

「小さくて立てにくいでしょう。」

と、菊治は言ったが、文子の腕がふるえるのだった。

そして、一旦《いったん》手を休めたとなると、もう小さい筒茶碗のなかでは、茶筅の動かしようがない。

文子はこわ張った手首を見つめて、じっとうなだれた。

「お母さまが、立てさせませんわ。」

「ええ？」

菊治はつつと立つと、呪縛《じゅばく》で動けない人を助け起すように、文子の肩をつかんだ。

文子の抵抗はなかった。

（新潮文庫より）


シチュエーションをごく簡単に説明しておくと、文子の母は菊治の父とも菊治とも関係を持った女性で、文子はそのことを知っている。文中「母の志野」とあるのは、自殺した文子の母が愛した形見の茶碗である。菊治と文子がその茶碗でお茶を点《た》てるのが、この場面なのである。大人の小説で、高校生にはちょっと刺激が強すぎるかもしれないが、これが日本人初のノーベル文学賞作家の代表作の一つなのである。

問題は最後の一文である。この一文のあと、この章は唐突に終わっている。川端の文学を「暗黒の穴だけで綴られた美麗な錦のようなもの」だと評したのは、ほかでもない三島由紀夫であった。これは、まさにそういう一節だ。さる高名な文芸評論家は〈若い頃にこの小説を読んだときには、この一文の意味することがわからなかった〉といった告白をしている。実は、当時高校生だった僕も、この告白を読むまではこの一文の意味がわからなかった。君たちにはわかるだろうか。いっぺんでわかったら「小説が読める人」か、恋の達人のどちらかだ。——ここまで思わせぶりに書けば、わかるだろう。この後、二人は性的な関係を持ったのである。

†読者は穴を埋める

そう思って改めて読み返してみると、この一節には文子の「目」についての記述が多いことに気づかされる。文子の視線を追っていくと、菊治の父とも菊治とも関係を持って亡くなった母への思いと、それでも抑えきれない菊治への自らの思いとが交錯していることがわかる。そして「文子が流れ寄って来るかと、菊治は感じた」という。文子の思いは、菊治にも伝わっているのだ。この一節には視線のドラマが書き込まれていて、菊治と文子は視線の動きですでに十分に心を通わせていることがわかる。それが「文子の抵抗はなかった」という最後の一文に性的な関係を読み込ませるのである。

しかし、川端康成はそんなはしたないことは書かない。書かないがそう読める。あるいは、そうしか読めない。この場面は、川端研究でもそう読むことがすでに常識となっているのである。もちろん、「いや、ここはそういう場面ではない」と言うことで『千羽鶴』が面白く読み換えられるならそう主張してもいいのだが、たぶんそれはほとんど不可能だろう。この場面に限って言えば、そんなことを言う人はそれこそ「小説が読めない人」だ。

こうして、川端康成の掘っておいた穴が一つ、読者の解釈によってほぼ完全に埋められた。ふつうの言い方をすれば、川端が省略して書かなかったことが、解釈によって補われたのである。

この小説の可能性が、一つ閉じられたことになる。そこで、批評家も研究者も次の宝物を探して長い旅に出る。ある研究者がこういうことを言った。「読書行為は迷路のようなものだ。ただし、最短距離で結末に到達した読者が最良の読者ではない。出来るだけ多く迷った読者が最良の読者なのだ」と。この意見には、僕もまったく共感する。出来るだけ迷って、多くの宝物を発見した読者が最良の読者なのである。そして、それが新たな読みを「発見」する唯一の方法でもある。

この『千羽鶴』の一節は、省略の仕方も謎かけの仕方もある意味では常套的だし、解釈のぶれも少なくわかりやすい例だったが、受験小説ではこういうところこそが設問になりやすいことは、容易に想像できることだ。あまりにも自由自在に解釈できるところは、恐くて設問を作れないのである。研究でも批評でも、あまりに省略が多い小説、あまりに謎かけが多すぎる小説には批判的な態度をとることがある。

たとえば、村上春樹の大作『ねじまき鳥クロニクル』のように「謎」ばかり仕掛けて、その答えを意図的に小説中に書き込まない手法や、小説ではないが、少し以前に「これこそがポストモダン的だ」と話題になった、「伏線」だらけでやはり結末の示されない劇場版アニメ『エヴァンゲリオン』の手法などのように、読者の過剰な「解釈行為」を前提として、それをはぐらかす作り方もあり得るが、こういう手法もやりすぎると賛否両論ということになる。実際、村上春樹の『ねじまき鳥クロニクル』には、ある文芸評論家から「無責任」という言葉が投げかけられたことさえあったのである。

なかには、イギリスの作家ジェイムズ・ジョイスの『フィネガンズ・ウェイク』のように、ほとんど誰にもわけのわからないほどの謎だらけの小説が「モダニズム小説の聖典」のように扱われて、批評家や研究者を惹きつけ続けることもあるが（この小説は「犬」が書いたのだという珍説もあるくらいなのだ）、一般的には読者をただ混乱させるだけのような謎かけの濫用はさすがに受け容れられにくい。かといって、あっさり底の割れるような謎かけでは謎としての意味がない。謎とは、それを解こうとする読者を誘惑しつつ、そう簡単には解けないことでいくぶんか読者を拒否することによって成り立つ。

ほどよい省略、ほどよい謎かけ、これがすぐれた小説の条件だ。そして、それはまた受験小説の条件でもある。

†「注」のある小説

このあたりで、「行間を読む」方法、すなわち「気持ち」を読む方法について具体的に説明しよう。ただし、受験小説にはあまり縁のなさそうな方面から話を始めたい。その方が、受験小説で問われる「行間」の質がよく理解できると思うからだ。

最近お騒がせ長野県知事になった田中康夫という人物がいる。知っている人も多いと思うが、彼は元はすぐれた作家だった。その田中康夫を一躍有名にしたのは『なんとなく、クリスタル』（一九八一年に刊行、いまは新潮文庫で読める）という、全編に四百以上の「注」が付いている奇妙な形式の小説だった。

その「注」はと言えば、「**21●ムッシュ・ニコル** ファッション関係の若者が好んで着る、松田光弘のブランド。」みたいなごく単純な「モノ注」から、「**60●女の子たちが「キャーッ」といいそうな、私大** 女の子が「キャーッ」という私大といえば、当然港区にある大学。」という思わせぶりな「ニュアンス注」から（この「私大」はもちろん慶應義塾大学のこと、わかってるよね？）、「**359●一万三千五百円のスカート** 早苗にとっては、夏物スカートのお値段としたら、なかなかのお買物なんですが、由利からみたら、バーゲン品にちょっと毛がはえたくらいのプライスです。」といった登場人物の階層差まで解説している「解釈注」まで、実にさまざまである。

小説の読みにとっては、ここにあげた中では、あとのパターンの「注」の方が大切だ。そのモノがどんなものかは調べればわかることだが（もっとも、その調査がすごく大変な場合も少なくはないのだが）、そのモノが小説中でどういう意味を持っているかということは、読者の読みにかかわる事柄だからである。たとえば、慶應義塾大学の組織や歴史がわかっても、『なんとなく、クリスタル』という小説の読みにとってはほとんど何の役にも立たない。慶應義塾大学の組織や歴史を知らなくても、慶應義塾大学の男子学生の多くが、卒業後に三井や三菱などの旧財閥系の大企業に就職するエリートであるばかりでなく、女性の扱いになれているスマートな学生たちなので女子学生にはものすごくモテるのだということを知っていることの方が、はるかに重要なのである。

†モノを読む

モノに関して言えば、このところ流行の移り変わりが激しいので、百年後に二〇〇二年の小説に「注」を付ける研究者は苦労することだろう。たとえば、ほんの二、三年前までは、女子学生のほとんどは（「ほとんど」はちょっとオーバーかな、君たちがよく言う「みんな」ではどうだろう）プラダというブランドのバッグを持っていたものだ。「流行の真ん中を行く女子大生＝プラダのバッグ」という方程式でもあるような感じだった。ところが、いまプラダを持っていたら「ちょっとそれ古いんじゃない？」という感じだ。だから、もし二〇〇二年の小説にプラダのバッグを持った女子大生が登場したら、「少し前までは流行に乗っていたけれど、いまは流行から降りてしまった女子大生」というメッセージを、読者は受け取るかもしれない。あるいは、百年後の研究者はそういう「注」を付けるかもしれない。

ユーミンこと松任谷由実は、その昔あるラジオ番組で〈固有名詞を書き込むと歌詞が早く古びるから、自分はできるだけ固有名詞は入れない〉という意味のことを言っていたと記憶する。たしかに、ユーミンの歌詞に書き込まれた固有名詞と言えば、横浜の山の手にある「ドルフィン」という印象的なレストランの名前ぐらいしかすぐには思い浮かばない。そのほかは、ごく普通の言葉で歌詞を書いて、あそこまで成功をおさめたのだ。たしかに、これだけ早く流行が移り変わると、時代による制約はずいぶん細切れのかたちで僕たちを捉えることになる。いまや、世代の違いという感覚は、二、三年ごとに僕たちを分断し、輪切りにしているように思える。

言葉の受け取り方一つにしても、さまざまな制約を受ける。「きさま」や「あなた」は、漢字で書けば「貴様」と「貴方」であって、以前は敬語の一つであった。しかし、いまは違う。「貴様」はもう死語に近いし、もし使われたとしても喧嘩の時ぐらいだろう。現在では、「あなた」は恋人同士なら使うが、ふつうには目上の人には使えない言葉になっている。夏目漱石の『こゝろ』には父親を「あなた」と呼ぶ大学生が登場するが、いま小説に教師や父親に「あなた」と呼びかける高校生が登場したら、多くの読者は「この子、なんかヘンじゃない？」と判断するに違いない。むしろ、そこに「大人への反発」といった類のある種のメッセージを読み取るだろう。

こんなふうに、忘れられたモノや言葉のニュアンスを「復元」するのが「注釈」の仕事なのである。小説の中では、モノが何の意味も持たずにそこにゴロンと存在することはあり得ない。かならず何らかの意味を伴って存在する。小説では、モノは読まれるのだ。言葉も同様だ。小説の中では、まったく辞書的な意味だけで言葉が使われることはあり得ない。必ず何らかの微妙なニュアンスを帯びて使われているはずなのである。ただし、そのモノが時代とともに忘れ去られる性質のものであったならば、少なくとも受験小説では問われないだろう。受験小説がモノに関する知識を聞くことはまずないからだ。だから、「ムッシュ・ニコルを着ているのには、どういう意味があるか」という設問はたぶんあり得ない。それを明らかにすることは、言ってみれば「注釈」の仕事である。

しかし、与えられた文脈から判断できる範囲内ならば、問われることはある。たとえば、『なんとなく、クリスタル』の注359のようなことが文脈からわかるのなら、このスカートの意味が問われる可能性はある。それは「書かれてないこと」だからだ。「問「一万三千五百円のスカート」は早苗と由利にはそれぞれどういう意味を持つか、三十字以内で答えなさい。」という具合に。繰り返すが、小説中ではモノは読まれる。小説中では、モノは存在ではなく意味なのだから。

†「気持ち」は読めるか

受験小説で圧倒的に問われるのが「気持ち」である。それは、「気持ち」が書いてあるからではない。小説にとって、多くの場合「気持ち」を読むことは「行間を読む」ことを意味するからである。そして、「気持ち」は個人差が大きいので、モノよりもさらに多くの読者の読みを試すことができるからである。

もちろん、「同い年の男の子なんて、かわいらしいものだと思ってしまう」（『なんとなく、クリスタル』）といった文章も、小説には書かれる。「思ったこと」や「気持ち」が直接そう書かれてあるわけだ。そこで、受験小説にも「なぜ、この時こう思ったのか」といった設問が出されることがある。ただし、そういう設問にはたいていの場合そう「思った」時の状況を答えればすむ。書いてあることをまとめる、いわば情報処理型の設問である。だから、「なぜこう「思った」のか」というスタイルの設問は、たいていの場合難易度は高くない。こういう設問には、焦らずに落ち着いて答えさえすればいいのである。

しかし、多くの小説は「気持ち」を直接書き込んだりはしない。リアリズム小説の読者が「気持ち」を読みたがっていることを知っている小説家は、安易に「気持ち」を書き込んで自分の小説の命を縮めるような愚を犯すことはしない。現代の小説にとっては「気持ち」こそが宝物だからだ。いかにもそこに宝物が埋まっていそうな穴だけ掘っておくのである。そこで、ふつう受験小説では「書いてない」からこそ「気持ち」が問われるわけだ。

では、なぜ「気持ち」が「読める」のか。読者がそこに「書いてない気持ち」を読み取るまでのプロセスについて、先の『千羽鶴』を使って考えてみよう。

文子は茶筅を上げる時に、黒い目も上げて、菊治をちらっと見たが、すぐに掌《てのひら》の上で唐津の茶碗を廻す時は、そこに目を注いだ。
(1)そして、茶碗といっしょに文子の目も、菊治の膝の前へ来た。
文子が流れ寄って来るかと、菊治は感じた。

今度は母の志野を前におくと、茶碗がかちかち縁にあたって、文子は手を休めた。

「むずかしいわ。」

「小さくて立てにくいでしょう。」

と、菊治は言ったが、文子の腕がふるえるのだった。
(2)そして、一旦手を休めたとなると、もう小さい筒茶碗のなかでは、茶筅の動かしようがない。文子はこわ張った手首を見つめて、じっとうなだれた。
「お母さまが、立てさせませんわ。」

「ええ?」

菊治はつつと立つと、呪縛で動けない人を助け起すように、文子の肩をつかんだ。

文子の抵抗はなかった。


この一節には、どこにも直接には「気持ち」は「書いてない」。しかし、実際の受験小説なら、たとえば次のような設問が出る可能性はかなり高い。

問一　傍線部（1）「そして、茶碗といっしょに文子の目も、菊治の膝の前へ来た」とあるが、
この時の文子の気持ちはどのようなものか、二十字以内で説明しなさい。

問二　傍線部（2）「文子はこわ張った手首を見つめて、じっとうなだれた」とあるが、この
時の文子の気持ちはどのようなものか、三十字以内で説明しなさい。

「書いてない気持ち」を問うこうした設問は、いかにも実際にありそうではないか。繰り返すが、この一節には文子の「気持ち」は書き込まれてはいない。しかし、僕たち読者は、傍線部に示されたような文子の動作から、彼女の「気持ち」を読み取ろうとする。それが、あたかもそこにあるかのように。そこに読者の錯覚があるのだ。

実は、「気持ち」はそこにあるものではなく、こう読みたいという期待に沿って読んだ読者が作るものなのだ。「気持ち」があらかじめそこにあるかのような錯覚が起きるのは、そうやって「気持ち」を作る作業を読者が意識化していないからである。では、どうすれば「気持ち」を作る作業を意識化できるのか。そこに、「小説が読める人」になるためのポイントが隠されている。そのことを明らかにするために、前提となる作業を一つ付け加えておこう。

†小説と物語

僕は、ここまでごく自然に「小説」という言葉を使ってきた。しかし、小説は実は形のない、得体の知れないものであって、僕たち読者はそれを「物語」に変形させて「小説を読んだ」気になっているのである。——ずいぶん難しい言い方をしてしまった。できるだけわかりやすい例を挙げて説明しよう。

小説は、たとえて言えば粘土のようなものである。作者から僕たち読者に手渡されるのは、まだ形のない粘土なのである。この時、粘土は無限の可能性を秘めていて、どんな形にでも変えることができる。この可能性を秘めた粘土が小説だ。ところが、粘土はひとたび子供（読者）の手に渡ると、魚になったりライオンになったりする。子供は粘土を「変形」させて、好みの作品を作る。この作品が僕の言う物語に相当する。「小説にはいくつもの可能性がびっしり詰まっていて、読者がそこから好みの物語を引き出すのが、読書というものだ」というイメージでもいいかもしれない。つまり、読書とはさまざまな可能性を孕んだ小説からたった一つの物語を選ぶような、主体的な創造行為なのである。

ここで言う物語とは小説のテーマのようなものだと考えてもいい。一つの小説から読者の数だけテーマを引き出すことが出来るというイメージである。実は、授業や入試で読む小説では、途中の設問の答えよりもこのテーマの方がずっとわかりやすい。と言うよりも、僕たちはほとんど意識しないほど素早くテーマを手にするのがふつうなのである。ところが、国語ではふつう最後になって「この小説のテーマを考えよう」などという設問があるものだから、「テーマは最後にしかわからない難しいもの」という誤解を与えてしまうのである。しかし、僕たちの小説の理解の仕方は、細部を積み上げてテーマにたどり着くのではない。直感的に全体のテーマを理解してしまうものなのだ。それが、小説を物語として読むことだ。小説から物語を取り出せたら、教室や試験場では「勝ち」だと言っていい。

†物語を一つの文に要約する

こうした自分なりの小説の読み方を自覚的に把握するために、小説から取り出した物語を、一つの主語とそれに対応する熟語一つから成る一つの文に要約する練習をしておくといい。これは、フランスの批評家ロラン・バルトの〈物語は一つの文である〉という立場にならって(『物語の構造分析』みすず書房、一九七九年)、僕が大学の授業でも実践している方法である。この練習を繰り返すと、学生たちはめきめき力を付ける。君たちも、数回もやればコツがつかめるだろう。

基本型は二つある。一つは「〜が〜をする物語」という型。これは主人公の行動を要約したものので、高校生によく読まれる太宰治『走れメロス』を例にとるなら、「メロスが約束を守る物語」

とでもなる。もっと高級には「人と人が信頼を回復する物語」でもいい。もう一つは「〜が〜になる物語」という型。これは主人公の変化を要約したもので、「メロスが花婿になる物語」とか、「メロスが一家の主人として自立する物語」といったものになる。これらを「物語文」と呼んでおこう。

物語とは「はじめ」と「終わり」とによって区切られた出来事のことであって、「はじめ」から「終わり」に進むにつれて、主人公がある状態から別のある状態に移動したり（これは「〜をする物語」と要約できる）、ある状態から別のある状態に変化したりする（これは「〜になる物語」と要約できる）のである。その移動や変化を一文に要約したものが物語文である。注意したいのは、物語文によっては主人公が入れ替わることがあるということだ。なぜなら、物語全体を通して移動したり変化したりする人物に主人公の資格があるからである。

『走れメロス』を例にしよう。「〜が〜をする物語」という型なら、「人と人が信頼を回復する物語」と要約出来た。『走れメロス』を、メロスが命を懸けて約束を守ったことで、人間不信に陥っていた王が人間を信頼する状態へと移動する物語と読んだことになる。人間不信から信頼回復という状態への移動である。したがって、この場合の主人公は王の方だということになる。

「〜が〜になる物語」という型なら、「メロスが一家の主人として自立する物語」と要約できた。一方、『走れメロス』を、兄としてろくな花嫁仕度もしてやれなかったメロスが、人間は信頼に値するものだという価値観をプレゼントするような立派な家長になる物語と読んだことになる。この場合の主人公は言うまでもなくメロスである。こうして、物語文によって主人公さえ違ってくることがわかる。

一つの小説に対していくつもの物語文を作れるようになると、その物語に意外な主人公が隠されていることが見えてくることがある。これも、小説を読む楽しみの一つである。小説を豊かに読む力を付けるためには、いまやったように、一つの小説に対していくつもの異なった物語文を作れるように練習するといい。できれば、意識的に主人公を取り替えた物語文を作ってみることだ。小説がたくさんの物語の束から出来上がっていることがよく見えてくるだろう。

†『千羽鶴』を物語文で読む

『千羽鶴』にはどんな物語が隠されているのだろうか。先に作った設問に答えることで、この問題を考えてみよう。

問一　傍線部（1）「そして、茶碗といっしょに文子の目も、菊治の膝の前へ来た」とあるが、この時の文子の気持ちはどのようなものか、二十字以内で説明しなさい。

問二　傍線部（2）「文子はこわ張った手首を見つめて、じっとうなだれた」とあるが、この時の文子の気持ちはどのようなものか、三十字以内で説明しなさい。

これまで『千羽鶴』について、僕がごく簡単に触れてきたことを参照すれば、問一の答えはこうなるだろう。「問一　自分の恋心を菊治へ伝えたい気持ち。」こんな具合だろうか。これは、傍線部（1）の次にある「文子が流れ寄って来るかと、菊治は感じた」という一文が重要な手がかりになった解答だと言える。たしかにそうは言える。しかし、実際には文子の「気持ち」は「書かれてない」のだ。重要なことは、実際には「書かれてない」文子の「気持ち」が、なぜこんな風に読めたのかということである。

この設問に対して、僕たちが「文子が流れ寄って来るかと、菊治は感じた」という一文をヒントにしたのは、もっと大きな力が働いていたからではなかっただろうか。なぜなら、この一文をヒントにする自由もヒントにしない自由も、まったく同じ度合いで僕たちには許されていたのだから。もう少し先走って言えば、その次の「今度は母の志野を前におくと」以下の文章をヒントにする自由もあったということなのだ。そうなれば、答えは違ってきただろう。「今度は母の志野を前におくと」以下の文章では、文子の躊躇《ちゅうちょ》が強く書かれているように読める。その上に、ほんの少し前には「菊治をちらっと見た」文子が、この時は「菊治の膝の前」で視線を止めていることにも注意が必要だ。そうなれば、問一には「自分の恋心を途中でとどめたい気持ち。」と答えて絶対にいけない理由はないことになってしまう。「文子が流れ寄って来るかと、菊治は感じた」のはあくまで菊治の感じ方であって、独り合点かもしれないのだ。では、なぜ「自分の恋心を菊治へ伝えたい気持ち」と読めたのだろうか。

僕たちを「文子が流れ寄って来るかと、菊治は感じた」という一文に立ち止まらせた大きな力とは、物語文である。この一文を参照したとき、僕たちはこの一節を、はっきりとは意識しないものの、「菊治と文子が結ばれる物語」と読んでいたはずなのだ。そこではじめて、文子の「気持ち」を「自分の恋心を菊治へ伝えたい気持ち」として作ることが出来たのではなかったか。文子にそういう「気持ち」を持ってほしいという僕たち読者の期待を物語文に要約して意識化することが、「小説が読める人」になるための近道だと言える。

問二の答えには、まったく違った物語文が働く。先のような手続きに従えば、問二の答えはこうなるだろう。「問二　自分はまだ母の呪縛から逃れられないという諦めの気持ち。」こんな具合だろうか。これもまた、次の「お母さまが、立てさせませんわ。」という一文が重要な手がかりになった解答だと言える。しかし、この一文を参照することが出来たのは、おそらくこの一節を「菊治と文子が別れる物語」と読んだからなのである。

いま、これら二つの設問には二つの異なった物語文が対応していると述べたが、実はこれら二つの物語文は、「文子が菊治と母との間で揺れる物語」という大きな物語文から派生した小さな物語文なのである。この大きな物語文から考えたのでは、問一と問二の答えはいずれも「文子が迷う気持ち」とでもなって、文子の「気持ち」に差が出ないので、設問に答えられるように、文子の「気持ち」に差が出る程度に物語文を二つに分け、サイズも縮小したのである。そう、物語文は切断された小説のサイズによっていかようにでも伸び縮みするのだ。こういう融通無碍《ゆうずうむげ》な物語文の使い方にも慣れておくといい。

さて、「気持ち」の向こうにはいつも物語文が働いていることがわかった。「小説が読める人」とは物語文の働きに意識的な人だということだ。逆に「小説が読めない人」とは、物語文の働きに意識的になれないか、そもそも小説を物語文に変換することが出来ない人だということだ。

そしてここが重要なポイントなのだが、受験小説で「気持ち」が問われがちなのは、第一にそれが「書いてない」からであり、第二に受験小説が小説から物語文を作り出す能力を問うものだからだと言える。そして、受験小説が「出来る人」とは、小説から物語文への変換の関数(小説をどんな風に物語文にするのか、その変形の度合いのこと)を出題者と共有できる人のことを言うのである。つまり、一つの小説から出題者と同じ物語を取り出せる人を、受験小説が「出来る人」と呼ぶのである。では、どうすれば出題者と物語が共有できるのか。それは、第一章以下でとくと説明するが、この序章の最後にもう一つだけ確認しておきたいことがある。

†小説は読めない

『千羽鶴』のその後について少し述べておきたい。

引用した一節のあと、文子は母の形見の茶碗「志野」を自ら粉々に割ってしまい、その後行方《ゆくえ》をくらましてしまう。菊治は「死ぬはずがない」と思う。次の引用文中の「素直さ」とは、「抵抗」することなく菊治に体を許したことを指している。

　菊治に生きかえる思いをさせておいて、その文子が死ぬというはずはない。
　しかし、昨日の文子は死の素直さではなかっただろうか。
　あるいはその素直さを、母と同じように罪深い女とおそれたのだろうか。

これが『千羽鶴』のほとんど末尾に近い一節である。文子の行方どころか、生死もわからないまま、『千羽鶴』は終わっている。これはオープン・エンディング（開かれた終わり）と呼ばれる手法で、意図的に結末を書かず、読者にすべてを預けてしまうのである。だから、『千羽鶴』の全体を「菊治が女たちと死別する物語」と要約することも出来ない。『千羽鶴』は最終的な物語文を作れないのだ。ここまで読むと、先に引用した茶を点てる場面は、菊治に惹かれる自分と母の呪縛に引きとめられる自分と、文子は二つの相反する気持ちに引き裂かれていたことがわかる。そして、『千羽鶴』という小説はその状態のまま「終わり」を迎える。『千羽鶴』とは、いわば物語文への変換を拒否した小説なのである。先の二つの設問は、むしろそのことを確認するために作られたのだ。

僕は、小説を読むことは「行間を読むこと」だと言った。そして、「行間を読むこと」は物語文を働かせることだと言った。しかし、すべての小説は物語文への変換をどこかで拒否してはいないだろうか。そう言ってよければ、物語文は小説のごく一部にすぎないのだから。あるいは、物語文への変換は小説のほんのささやかな読みの試みにすぎないのだから。

だとすれば、ほんとうは僕たちには小説は読めないのではないだろうか。実は、その通りだとも言える。僕たちはふだん何気なく小説を「読んで」いる。そして、どこにも「書いてない」はずの「気持ち」を小説から「読み」取ったりしている。しかし、それは小説にとって一つの奇蹟なのだ。なぜなら、先に引用した『千羽鶴』の一節にしても、ただ茶を点てる場面が書かれてあるだけで、文子の「気持ち」などどこにも書かれてはいないのだから。繰り返すが、「書かれてない気持ち」を「読む」ことは一つの奇蹟なのである。その奇蹟を求めるのが、受験小説というものなのだ。

＊第一部　小説とはどういうものか

――センター試験を解く

第一章 学校空間と小説、あるいは受験小説のルールを暴く

†小説か評論か

国語の入試は中学入試から高校入試、そして大学入試まであるが、このところ、東京の中学入試の国語で興味深いことが起こっている。いや、その当事者にとっては大変な「事件」が起こっている。その「事件」では、入試の国語のみならず、小説というジャンルの意味が問われていると言っていい。だから、その「事件」の意味を考えることから始めたい。中学入試国語で小説を出題することがどれほど重要な戦略となり得るのか、「中学入試の話なんて関係ないよ」と言わずに、少しこの話題に付き合ってほしい。

中学入試の国語では、二年連続して「事件」が起きた。東京で男子御三家と呼ばれる三校、すなわち開成、麻布、武蔵の中の、開成と麻布での出来事である。二〇〇〇年に麻布の国語で随筆に近いタッチの評論が出題され（松本仁一「異文化の根っこ」）、二〇〇一年には開成で全問記述式

の設問で、小説が出題されたのである（ジェイムズ・ヘリオット『ドクター・ヘリオットの犬物語』）。受験生を指導したり中学受験について論評したりする中学受験界にはたぶん衝撃が走ったに違いないし、なによりも当の受験生が受験会場でパニックに陥ってもおかしくないくらいの大事件だったのだ。

だいたいの傾向だが、中学入試国語では、小説からの出題が半分近くの割合を占めていて、あとの半分は随筆か評論である。ところが、君たちもよく知っているように、大学受験国語ではセンター試験と国公立大学の二次試験を除いて、小説はほとんど出題されない。多くは評論からの出題である。その大学受験の評論も、ふた昔前は小林秀雄の文章が「評論」であり、ひと昔前は中村雄二郎の文章が「評論」であり、現在は鷲田清一の文章が「評論」なのだ。論理性の重視と難易度上昇の傾向はあまりにも顕著である。事実、いま小林秀雄のどの文章を読んでも「随筆」としか感じられないほどだ。なかには酒井直樹『死産される日本語・日本人』（新曜社、一九九六年）という、あまりにも下手くそなために研究者にさえ「難解」に感じられるような文章を出題した大学もあって、良識を疑わせるケースも少なくはない。

そこで、中学入試でも、偏差値で比較的上位に位置する進学校や、上位に躍り出ようとする中堅と新設の進学校が、大学受験に出題されてもおかしくない位のかなりごつい評論を出題し始めたのだ。中学入試国語から評論を――これがこれらの中学が出した答えである。御三家はこういった傾向にどう太刀打ちするのか。「事件」はそんな状況の中で起きたのだ。

†小説の方へ

中学入試国語は、その学校のアドミッション・ポリシー（どういう生徒に入学してほしいかという方針）が最も鮮明に表れる科目の一つだ。だが、現実にはアドミッション・ポリシーなどと言えるのは、本当に個性的なごく少数の中学を除いて、上位校に限られる。御三家はアドミッション・ポリシーを主張できる数少ない学校である。御三家の中では、開成に官僚が多く、麻布に派手な文化人が多く、武蔵に地味な学研肌が多いというイメージがある。そのイメージを作っている一つの要因が、中学入試国語なのだ。

開成の入試国語は出題傾向が一定せず、大学入試センター試験さながらの紛らわしい選択肢問題を特徴としていたが、いずれにせよそれほどの難易度ではなく、開成の合否が算数の得点で決まっていたのは周知の事実であろう。一方、武蔵と麻布は小説派だった。現在でも、武蔵は小説一題のみ、しかも全問記述式というスタイルを続けている。さらに、武蔵の社会では韓国関係が一題とか沖縄関係が一題といった具合に、かなり特異な出題を常とし、理科も「おみやげ問題」と呼ばれる、何かモノを渡してそれについて考えさせるユニークな出題がある。それほど極端ではないが、麻布もそれに近い。その違いが、御三家各校の校風を作っていたといっても過言ではないだろう。

ところが、一昨年、麻布の国語に評論が出題されたのだ。麻布では付き添いの保護者のために、待合室に入試問題を張り出すらしい。一昨年、国語の問題が張り出されたときには「おーっ」という何とも言えない声があがったと言う。麻布が評論を出題することは、そのくらい大変な「事件」だったのだ。先に述べたように、この「事件」は最近の中学入試国語の傾向を象徴している。

それは、極端に言えば、新御三家と呼ばれる駒場東邦、海城、巣鴨あたりの追い上げに危機感を持った麻布が、自らの校風を捨て、目先の「優秀」さに惑わされたかのように見えた。そこからは、麻布の迷いが透けて見える。だが、麻布一本に絞って受験勉強をしてきた子供たちは裏切られた気持ちがしたのではないだろうか。幸い、昨年からは小説一題に戻った。麻布は麻布であるべきだという決意表明である。

それに比べれば、昨年の開成の突然の裏切りは確信犯的だったのではないだろうか。中学入試国語の小説では五二〇〇字程度が平均的な字数であるにもかかわらず、武蔵を思わせる九千字を超える長文の小説と全問記述の設問の組み合わせだったからである。実は、このところ国公立大学の二次試験を睨んで、中学入試国語でも上位校を中心に記述式の設問が増えてきていた。開成も算数に頼っていたいままでのやり方ではレベルを維持できないと考えたのだろう。だが、たぶんそれだけではない。

この国語問題の改革で、おそらく開成は、これまで麻布や武蔵を受験していた層からも単に「優秀」なだけではないもっと個性的な受験生を引きつけることができるようになるに違いない。これは、少し大袈裟に言えば、これまでのような校風による棲み分けを壊す宣戦布告だと言ってもいい。私立の中学にとって、入試国語とはこれほどまでに重要な戦術になり得るのである。

†なぜ小説なのか

開成は、この国語入試問題の改革によって、これまでよりも偏差値の低い受験生の中からも合格者が出るようになった。記述式のほとんどない模擬試験などで算定される偏差値では能力が十分に測れない層の受験生が合格したからである。それでも開成は、国語に関しては今後もこの武蔵・麻布型の出題を続けると言う(『中学受験リポート』二〇〇一・三)。そして、実際今年もゴッツイ小説一題だった。これで、男子御三家では記述式を主体とした設問による小説からの出題が定着することになる。

さらに、男子校では新御三家を抜け出して、いまや武蔵を抜いて実質的には御三家の一角を占めている駒場東邦も小説と記述式の組み合わせだし、新御三家の一つ海城も小説と記述式重視の傾向を鮮明にし始めているのである。トップクラスの男子校は小説にシフトしたと言ってもいい状況なのだ。中堅や新興の進学校が評論主体に傾きつつあるいま、なぜなのだろうか。

評論を解く思考と小説を解く思考には違いがあるのだろうか。

評論を解くのに抽象的な思考力が要求されることは言うまでもない。その意味で、大学受験国語に直結するという利点を割り引いても、たしかに「優秀」な頭脳が必要とされるだろう。だが、評論を読み設問を解く行為は抽象的な思考の内部で行われるにすぎない。評論の言葉と解答の言葉との間には、本質的な違いがないのである。

一方、小説の場合は、現実らしく見せた表現を（すでに確認したように、入試国語に出題されるのはほとんどがリアリズム小説だ）抽象的な言葉に「翻訳」しなければ解答が出来ないのだ。小説の言葉と解答の言葉との間に、本質的な違いがあるからだ。つまり、抽象化する能力が試される。このことは、詩の解釈を考えてみればよくわかる。詩を解釈することは、一般的にはもう一つ別の詩を書いて見せることではない。詩の世界を抽象的で説明的な言葉で書き換えることだ。

抽象化することとは、自分が言葉から得たイメージを、生と死、光と闇、文化と自然といった二元論的な思考の枠組によって自分の所属している世界のどこかに位置づけることである。そのためには、世界が自分の手の中に入っていなければならない。つまり、抽象化とは世界の全体像を手に入れることなのである。その時、世界の中で自分の立っている位置が見えてくる。それは、「自分とはなにか」という問いに答えることだとも言える。したがって、抽象化する行為は、アイデンティティー（この場合は「個性」と言っておいてもいいかもしれない）の問題をも引き寄せる。

抽象化が一種の「翻訳」である以上、ある種の「変形」がなされる。「変形」の強度と質を決定するのが、解答者のアイデンティティーなのである。中学入試国語では、採点者は、子供たちの解答から、いわば「社会化された「私」」(世界の中で自分の位置をシッカリと確立できた人)の度合いと質とを読み取っているはずだ。それはほとんど感性と感性との戦いだと言っていいが、それには解答者側の高度な能力と、採点者側の高度な技術とが求められる。これが国公立大学の二次試験に強い子を選び出す方法なのだ。男子御三家とそれに続く学校は、そのレベルで競い合っているのである。

†大学受験でも小説を

一方、大学受験国語に小説がほとんど出題されないのは、採点者の側に微妙な差異を含んだ抽象化の能力を判定する技術と時間的ゆとりがないからである。もっとも、センター試験ではその技術を持たないまま暴力的なやり方で小説を出題している。ある中堅の進学校では、高校三年になると「高校二年までの国語の授業はみんな忘れてくれ。これからはセンター試験用の国語だけを教えるから」と生徒に宣言するのだという。センター試験の物語問題が高校の国語教育をいかに歪めているかを、関係者はよくよく考えるべきだ。

誤解のないように付け加えておくと、僕は、小説を大学受験国語に出題すべきではないと言いたいのではない。むしろ逆である。抽象化の能力を判定する技術を持つのなら、是非出題すべきジャンルだと考えている。何十万人もが受験するセンター試験がこの技術を持てないのはやむを得ない面があるが、国語教科書の編集方針を規制している指導要領での小説の扱いにも問題があると思っている。

高校国語の新しい指導要領では、「文学的な文章」の学習についてこう述べられている。「文章に描かれた人物、情景、心情などを表現に即して読み味わうこと」と。これは、現在の必修科目である「国語I」でも、今度事実上の必修科目となる「国語総合」でもまったく変わらない（ちなみに、選択科目の「現代文」でもほぼ同じ扱いである）。つまり、受け身の「鑑賞」に限定されているのであって、抽象化という能動的な創造行為とはかけ離れたところに学習目標が設定されているのだ。これでは、生徒は正典《カノン》（すでに広く価値が認められた作品）とされた文学作品の前に跪かされるだけだろう。文学作品における読書行為とはもっと主体的なものでなければならない。

読書行為とは、さまざまな可能性を孕んだ小説からたった一つの物語を選ぶような、「翻訳」とも「変形」とも言える行為を伴うものだった。その一つの具体的な形が、僕の言う物語文を作ることなのだが、その過程で、生徒個人の自我の輪郭が明確にもなってくる。ポストモダン風に言えば、そんな固い自我はもう古いし、他者を自己の論理（世界観）に回収するのが暴力的な行為であることも事実である。だが、学校はまず自我の輪郭を作るところであるべきだし、それが暴力的であることの痛みは、やがて、たとえば大学で、あるいは自らの力で学ぶだろう事柄に属する。少なくとも、いまはそういう時代だ。

†たった一つの読みの枠組

小説はどのように読んでもかまわないジャンルに属している。別の言い方をすれば、僕たちは小説からどんな物語を取り出してもかまわないということになる。それが現代社会でのこのジャンルに関する一応の約束事だ。ただし、どのような形であれ、読みの結果を公表することは一つの具体的な行為である。だから、それには責任が伴う。これは改めて確認するまでもないことである。しかし、その責任が建前上免除される空間がある。それが学校である。教室ではどんな読み方をしても責任が問われないことになっている。国語教育で、小説教材が生徒の自我を解放することを通して、「個性」を育み成長を促す成果を得るためには、こういう前提がなければならないはずだ。

「思ったことを正直に言ってごらん」——私たちは教室で何度こういう甘い誘いかけを受けたことだろう。いや、何度こういう危険な罠を仕掛けられたことだろう。だが、間違っても「本当に思ったこと」など言ってはいけないのだ。もしそんなことをすれば、「あの子は変わっている」というレッテルを貼られることになる。一つはその意見の内容が突飛だから、もう一つは場所柄もわきまえず（そこは教室だ！）そんなことを言ってしまったから。みんなはそれがわかっているから、「本当に」そう思っても決して「それ」を口にはしないのだ。

そう、教室ではたった一つのことしか言ってはいけないのだ。道徳的に正しいことだけを。国語も同じだ。自由に答えることなど、現実には許されてはいないのだ。現実には、国語ではたった一つの枠組でしか小説を読んではいないのである。つまり、たった一つのやり方でしか小説を物語にしない。それが極端に表れるのが入試国語である。もしこういう言い方が許されるなら、入試国語は具体的な場を持たない学校空間、すなわち「学校性」とでも言いたくなるような学校空間の本質が露わになる装置なのである。入試国語は紙の上の学校空間なのだ。

では、学校空間で採用されているたった一つの読みの枠組を具体的な言葉で確認してみよう。次の設問を見てほしい。本文は戦前の高等小学校を舞台とした物語で、社会に出てから役に立つようにと、先生が毎日二時間課外にそろばんを教える場面が採られている。

問七　――線部④「学課の授業中は「どうせできないんだ」というように沈滞している空気が、このときばかりは生き生きと熱中してくるのである」とありますが、その理由として適当なものを、次のア〜カから選び、その記号で答えなさい。（一つとは限りません。）

ア　先生が、やらない者たちに厳しい罰を与えたから。

イ　子供たちに少しでもためになることを与えてやりたいという先生の熱意があったから。
ウ　勉強ができないぶん、運動能力が発達していたから。
エ　自分たちの将来に役立つ技術なのだという思いがあったから。
オ　やらない者はおちこぼれになると先生がおどしたから。
カ　実社会にでることの恐ろしさを実感したから。

これは一九九八年度攻玉社中学入試国語の設問である。学校空間をくぐってきた者なら、本文がなくとも「正解」の見当がついてしまうだろう。過去問問題集の答えはイとエである。たぶんそれでいい。理由はこうだ。これは中学入試国語の設問であって、かつ本文は学校の物語である。しかも、全部で十問ある設問のうち問七は最後の方に位置するから、結論的なことを聞いている可能性が高い。こういう条件がそろっていれば、道徳的なこと、ここでは教師と児童との信頼関係を語った選択肢しか「正解」にならないわけだ。

この選択肢の中でもウが見当外れなのはすぐにわかる。ア、オ、カにはある種の脅しが含まれていて、学校空間にふさわしくない。一方、イの「ためになる」とエの「役立つ」が対応していることはすぐに見て取れる。先生と児童の気持ちが一つになったのだと、この二つの「正解」は語ろうとしている。だから、本文を見なくとも「正解」がイとエであることはわかってしまう。

道徳的であること、これが学校空間で採用されているたった一つの読みの枠組なのだ。それ以外の枠組から答えれば「誤答」になるのである。

†「誤答」の可能性

たとえばこの設問の場合、先生の熱心すぎる態度からある種の脅しを読みとってしまってカと答えたら、それは「誤答」になる。しかし、作中の児童たちがほんとうはどう感じていたかなどと問うのが愚かしいことは言うまでもない。小説には、あらかじめほんとうが埋め込まれているわけではない。すべては読みの結果なのであって、活字の向こうにほんとうがあるのではない。ほんとうは活字のこちら側、すなわち読者の手の中にある。それが読書の自由というものだ。

にもかかわらず「正解」が出せるとすれば、それは小説の向こう側にほんとうがあるからではない。入試国語では、誰にでもそう読めるほんとう（真実）があって、それが「正解」になっているのでは決してない。紙の上の学校空間では、道徳的な枠組から読むことを暗黙の前提にしているから「正解」が出るのである。少なくとも、そう考えなければこの設問ではカを「誤答」とは判断できないはずだ。ところが、国語教育ではこんな簡単なルールを決して教えないのだ。これではルールを知らされないままゲームに参加させられているようなものではないか。誤解のないように付け加えておくと、僕は何も道徳的な読みが悪いと言っているのではない。それしか

「正解」がないと思いこませることに異議申し立てをしているのだ。

試みに、この設問にもう一つカに対応するような選択肢を付け加えたらどうなるだろうか。「キ　学歴がない自分たちにはそろばんをやる以外に生きていく方法はないと思ったから」と。こうなれば、カは限りなく「正解」へと近づくのではないだろうか。なぜなら、児童が感じた「恐ろしさ」が構造化されるからだ（僕は「構造化」を「複数の要素がある種の強度をもって結び付くこと」と理解している。したがって、この場合は実社会を否定的に表現したカとキが結び付いて「実社会はこわい」という感じ方が強度を持ったと言うことができる）。これは「誤答」が構造化されることでもある。一見「誤答」に見えても、読みの枠組（つまり物語文）を変更してみると「正解」に見えてくることがある。読みは常にそうやって更新されてきたのではなかったか。だから、たとえ一見「誤答」に見えようとも、一貫した読みによって解答がなされているならば、一つの物語を作り上げたその力量に対して敬意を払うべきなのだ。もし、小説に唯一の「正解」しか求めないなら、小説を入試に出題すること自体がむしろ小説を殺すような事態を招くことになる。

一貫した「誤答」に解釈更新の可能性を読むことは、記号式の設問では出来ない。だから、入試国語には記述式の設問が是非求められるのである。その意味で、近年の中学入試国語に上位校を中心として記述式の設問が増えていることは、好ましい傾向だと言えよう。多くの公立高校の入試国語でも、数十字程の記述式設問が一問ぐらいは用意されているものである。

しかし、そのようにして掬《すく》い取られた個性が暴力的なやり方によって試される儀式を日本人は容認している。言うまでもなく、大学入試センター試験の国語である。それはいったいどういうものなのか、僕たちの現実を見ておこう。

ここで取り上げるのは、一九九九年度のセンター試験「国語Ⅰ・Ⅱ」の第2問「小説」である。本文は山田詠美『眠れる分度器』(『ぼくは勉強ができない』新潮文庫)。実は、これは近年のセンター試験の中でも特別に評判の悪かった問題なのである。本文と設問を含めた問題の全体が、である。一読してわかるように、小説の舞台は学校。ここに、すべての問題が孕まれていたように思う。とにかく、問題を読んでみてほしい。

【過去問①】学校空間の掟

次の文章は、山田詠美《えいみ》の小説「眠れる分度器」の一節である。主人公の時田秀美は転校してきて一か月になる。秀美は、子供を親の価値観でしばりつけたくないと考える母親のもとに育った。彼はいつも自分の感じたままに行動してしまうため、教室全体の協調性を重んじる担任の奥村の気持ちをことごとく逆なでしてしまうし、クラスの子供たちとも親しくなれないでいる。そんなある日、教室で、奥村から「このままだと不良になってしまうぞ」と言われて、秀美は立ち上がって反発する。本文はそれに続く場面である。これを読んで、後の問い（**問1〜6**）に答えよ。

他の子供たちは、強烈な事件の成り行きを(ア)固唾《かたず》を呑《の》んで見守っていた。子供が教師に逆らうというのを彼らは、初めて、目撃したのだった。彼らにとって、教師は、自分たちの上に君臨する脅威に等しかった。彼らは、教師を漠然と恐れていた。その恐れを少なく感じさせる教師程、彼らの好意をものにすることが出来たが、その分、威厳は失われた。恐れるということは、従うということだった。彼らは、従うことが、どれ程、学校での生活を快適にするかという知恵を身につけていた。両親の口振り、特に母親のそれは、教師の領域を犯してはいけないのを、子供たちに常に悟らせているのだった。そこに、「尊厳に値するもの」というラベルの扱い方を、上手《うま》い具合に、組み込んでいた。それ故、子供たちは、そのラベルを剝《は》がすのが、自分に困難をもたらすことに等しいと、本能的に悟っていた。

親しみ深い教師は、何人も存在していた。彼らを見つけ出すたびに、そっと、子供たちは、ラベルを剝がしてみる。そのことが、教師を喜ばせ、休息を伴った自らの地位の向上に役立つのを知っていたからだ。しかし、糊《のり》は、いつも乾かさないように注意している。生《なま》あたたかい唾《つば》を広げて、不都合を察知すると、すぐに、(イ)休息を封印する。

教師に忌み嫌われる子供は、その方法を、知らないのだった。習得してしまえば、これ程便利なものの存在に気付いていないのだった。鈍感さのために。あるいは、知ろうとしない依怙地《いこじ》さのために。

A賢い子供たちは、前者を見下し、後者を排斥する。すると、不思議な優越感に身を浸すことが出来る。優越感は、連帯意識を育て、いっそう強固になって行く。そうなると、もう、それを捨てることが出来なくなる。恐《こわ》いのだ。教師に対して持つ脅威よりも、はるかに、連帯から、はじき出されることに対する脅威の方が大きいのだ。

子供たちは、とうに、秀美を排斥しつつあったが、このような事件に遭遇すると、混乱して言葉を失ってしまうのだった。秀美が何の役にも立たない勇気を意味なく誇示しているように思われた。そこまでして、B彼が、何を証明したいのかを理解するには、子供は子供であり過ぎる。そして、彼を理解しようと試みるには、子供は、あまりにも大人のやり方を学び過ぎていた。

他の子供と自分は違う。この事実に、秀美は、とうに気付いていた。自分の物言いや態度が、他人を苛立《いらだ》たせるのも知っていた。そのことで、彼は、たびたび孤独を味わっていたが、自分には、常に支えてくれる母親と祖父が存在しているという安心感が、それを打ち消していた。打ち消して、それでも、まだ溢《あふ》れてくる力強さを、保護者の二人から感じていた。そう思うと、学校での出来事など、取るに足りないことのようにすら思えてくる。彼は、自分の帰る場所に存在している大人たちから、自分の困難が、成長と共に減って行くであろうことを予測していた。それは、時間の流れに沿って泳いで行けば、たちまち、同種の人間たちに出会うだろうという確信に近いものをもたらした。

過去は、どんな内容にせよ、笑うことが出来るものよ。母親は、いつも、そう言って、秀美を落ち着かせた。自分の現在は、常に未来のためのものだ。彼は、そう思った。そして、ある堤防まで辿《たど》り着いた時に、現在は、現在のためにだけ存在するようになるのを予感した。堤防を越えようとする時、その汗のしたたりは、(ウ)現在進行形になる筈《はず》だ。それまでは、どのような困難も甘受するのが、子供の義務だと、彼は思った。くだらない教師に出会うのは身の不運、素晴らしい教師に出会うのは、素晴しい贈り物。彼は、そう自分に言いきかせる。すると、必ず、心の内に、前の小学校の白井教頭の顔が浮かぶのだった。

秀美は、祖父の次に白井教頭を愛していた。彼は、子供たちに、自分を見くびらせるという高等技術をもって接していた。けれど、誰《だれ》も、本心から白井を見くびる者はいなかった。見くびらせて子供と親しくなろうという魂胆を持った教師は、少なくなかったが、子供たちは、うわべのたくらみは、すぐに見抜いた。好かれようと子供に媚《こび》を売るのではなく、子供たちと同じ視線でものを見てみたいという、純粋な欲望から、彼は自らを気やすい者に仕立てていたのだった。そして、その姿勢は、好ましいものに、子供たちの目には映った。子供たちの世界で、やはり、嘘《うそ》は罪であり続けるのだった。

秀美と数人の仲間は、休み時間や放課後、用もないのに、校長室の前をうろついた。そこに、白井教頭がいることが多いからだった。運良く、校長が不在の時、彼らは、中に入り、白井と話をすることが出来た。

秀美は、彼に、こんな質問をしたことがある。

「生きてるのと、死んでるのって、どう違うんですか？」

白井は、笑って、秀美を見詰めた。秀美の連れていた他の子供たちも、興味津々《きょうみしんしん》という表情を浮かべて彼の答えを待っていた。

「先生は死んだことないから、正確なことは解《わか》らんが、考えてみることは出来るぞ。きみたちは、どう違うと思う？」

　子供たちは、口々に、叫んだ。

「心臓が止まっちゃうこと！」

「お墓が自分の家になること！」

「息が止まること！」

「えーと、えーと、天国の住人になること！」

「ばーか、おまえなんか、地獄に行くんだい」

「冷たくなって、動かなくなること！」

「食べ物を食べなくてもすむこと。ピーマンを食べなくてすむんだ」

「お墓にピーマンを入れてやるよ」

「うるせえ」

　まあまあ、と言うように、白井は、子供たちを制した。

「なかなか、当たってるかもしれないぞ。でもな、心臓が止まっても呼吸が止まっても、お医者さんは、死んだと認めないこともあるんだぞ。それだけでは、生き返る場合もある」

　白井の言葉に衝撃を受けて、子供たちは、顔を見合わせていた。信じられなかった。どうやら、死ぬのには、色々な条件があるらしい、と悟ったのは、この時が初めてだった。

「先生は、どう思うんですか？」

　秀美は、もどかしそうに尋ねた。すると、微笑を浮かべて、白井は、自分のワイシャツの袖《そで》をまくり上げて、腕を出した。

「先生の腕を噛《か》んでみる勇気のある奴《やつ》はいるか？」

意外な質問に、子供たちは、驚いて言葉を失っていた。

「ぼく、やります！」

秀美は、呆気《あっけ》に取られる仲間たちを尻目《しりめ》に、いきなり、白井の腕に噛みついた。

「もっと、もっと、手加減しないでいいぞ。なんだ、時田、おまえの歯は入れ歯か？　ちっとも、痛くないぞ」

秀美は、むきになって、上顎《うわあご》に力を入れた。白井は、さすがに、苦痛を感じたらしく、顔を歪《ゆが》めた。

「いてて、降参、降参、すごいりっぱな歯だな、時田のは」

白井は、ゆっくりと、力を抜いた秀美の口を、腕から外した。そこには、歯の跡がくっきりと付き、血が滲《にじ》んでいた。

「わあ、血が出てる」

誰かが呟《つぶや》いた。秀美は、自分の唇を指で拭《ぬぐ》った。口の中が生あたたかく、錆《さ》びたような味が漂っていた。

「どうだ、時田、先生の血は？」

「あったかくって、ぬるぬるします。変な味がする」

「それが、生きているってことだよ」

白井の言わんとすることを計りかねて、子供たちは顔を見合わせた。秀美は、軽い吐き気をこらえながら、白井の次の言葉を待った。

「生きてる人間の血には、味がある。おまけに、あったかい」

「じゃ、死ぬと味がなくなっちゃうんですか？」

「そうだよ。冷たくて、味のないのが死んだ人の血だ」

へえっと、驚きの声が上がった。

「だからな、死にたくなければ、冷たくって味のない奴になるな。いつも、生きてる血を体の中に流しておけ」

「どうやったら、いいんですか？」

「そんなのは知らん。自分で考えろ。先生の専門は、社会科だからな。あんまり困らせるな。それから、時田、このことも覚えとけ。あったかい血はいいけど、温度を上げ過ぎると、血が沸騰して、血管が破裂しちゃうんだぞ」

秀美は、曖昧《あいまい》に頷《うなず》いた。彼は、舌に残る血の味を何度も反芻《はんすう》していた。味のある血。この言葉を、もしかしたら、自分は、生涯、忘れることはないのではないか。そんな予感が胸をかすめた。吐き気は、もう、とうに治まっていた。それどころか、D喉《のど》に移行する不思議なあたたかさを、いとおしくさえ思っていた。

問1　傍線部(ア)〜(ウ)の表現の本文中における意味内容として最も適当なものを、次の各群の①〜⑤のうちから、それぞれ一つずつ選べ。

(ア) 固唾を呑んで
① 声も出ないほど恐怖に怯《おび》えながら
② 何もできない無力さを感じながら
③ 張りつめた様子で心配しながら
④ 驚きと期待を同時に抱きながら
⑤ 緊張した面持ちで不快に思いながら

(イ) 休息を封印する
① 子供が教師から「尊厳に値するもの」という威厳を奪いとること
② 子供と教師が互いを「尊厳に値するもの」と認めて連帯し合うこと
③ 子供と教師が互いを「尊厳に値するもの」と認め合う関係を放棄すること
④ 子供が教師を「尊厳に値するもの」としての存在に復帰させること
⑤ 子供が自分を「尊厳に値するもの」として級友に認知させること

(ウ) 現在進行形
① 未来のために現在を越えようとする状態
② 現在を生きること自体が目的である状態
③ 現在が現在のままであり続ける状態
④ 現在が未来に向けて開かれている状態
⑤ 未来が現在の困難を癒《い》やしてくれる状態

問2 傍線部A「賢い子供たちは、前者を見下し、後者を排斥する」とあるが、それはどういうことか。その説明として最も適当なものを、次の①〜⑤のうちから一つ選べ。

① 教師を喜ばせるための秘訣《ひけつ》を知っている子供たちは、クラス内で自分の地位を向上させようとしない子供を見下し、教師の言うことを聞かない意地っ張りな子供を排斥するということ。
② クラス内で安定した地位を占めることができた子供たちは、自分たちに媚《こ》びる子供を見下し、頑《かたくな》に自分たちに反抗する態度をとり続ける子供を排斥するということ。
③ 自分が教師よりも利口だと思っている子供たちは、無神経に教師の領域を犯してしまう子供を見下し、いつまでも子供らしいままでいようとする人間を排斥するということ。
④ 学校での生活を快適にするための術《すべ》を心得ている子供たちは、表立って教師に逆らうような子供を見下し、クラスの連帯意識の重要性に気がつかない子供を排斥するということ。
⑤ 教室の中でうまく立ち回るための知恵を身につけている子供たちは、教師との関係に対して不器用な子供を見下し、自己主張を曲げない子供を排斥するということ。

問3 傍線部B「彼が、何を証明したいのか」とあるが、ここで「彼」が明らかにしたかったのは、どのようなことと考えられるか。本文全体の内容をふまえて、最も適当なものを、次の①〜⑤のうちから一つ選べ。

① 自分たちは、学校という場に拘束されており、子供であるということを理由にどれほど教師の脅威にさらされ、個人としての人権を無視されているかということ。
② 担任の奥村が、子供たちと同じ視線でものを見ていきたいという純粋な欲望を持ち、血の通った人間として互いに接しあえる教師であるかどうかということ。
③ 都合のいいときだけ子供の世界に歩み寄ろうとする担任の奥村のやり方は、教師としてふさ

わしくないのだから、自分が反抗するのは正当な行為だということ。

④　時が過ぎればどんなことも笑い飛ばすことができるようになると言って自分を安心させてくれた母親の言葉が、学校という場でも通用するかどうかということ。

⑤　担任の奥村は、クラス全体に自分の考え方を浸透させるために、わざと自分を見くびらせて子供と親しくなろうという魂胆を持った教師であるということ。

問4　傍線部C「微笑を浮かべて、白井は、自分のワイシャツの袖をまくり上げて、腕を出した」とあるが、この白井の行動にはどのような気持ちが込められているか。その説明として最も適当なものを、次の①〜⑤のうちから一つ選べ。

①　秀美には自分の中に興味や疑問が生じると性急に答えを求めたがる傾向がある。そんな彼のことを好ましく思いながらも、秀美の心のはやりをなだめ、一緒にみんなで考えるきっかけをつくろうとする気持ち。

②　心臓や呼吸が止まっただけでは人間の死とはいえないという話をしたことで、子供たちの表情はそれまでにない真剣なものに変わった。そこで、この場を利用して子供たちに人間の生命の大切さを理解させようとする気持ち。

③　子供たち自身でものを考えるように会話をしむけることで、とりあえず子供たちの興味を引きつけることはできた。しかし、秀美だけは納得がいかない表情なので、わざと彼の勇気を試すようなものの言い方をして挑発する気持ち。

④　人間の生と死にまつわる問題を子供たちと考えるのだから、いいかげんな理屈ではぐらかす

わけにはいかない。だが、子供たちの目の前で、どうしたら生きていることの証《あかし》を見せてやることができるだろうかと思案する気持ち。

⑤ 好奇心が旺盛《おうせい》なくせに、普段は子供たちの仲間に入っていけない秀美が、いまやっと心を開こうとしている。絶好の機会だから、もっと彼の注意を引きつけて、人と人とが深く関《かか》わっていくことの楽しさを教えようとする気持ち。

問5 傍線部D「喉に移行する不思議なあたたかさを、いとおしくさえ思っていた」とあるが、ここでの「いとおし」さとは、どのようなものか。その説明として最も適当なものを、次の①〜⑤のうちから一つ選べ。

① 自分はいままで親しみを持てる教師と出会うことがなかったため、学校のなかではいつも孤独だったが、白井によってはじめて生きるということの意味を教えられた。ここでの「いとおし」さとは、素晴らしい先生との出会いの感動をいつまでも忘れたくないという気持ちである。

② 温度を上げ過ぎると、血管が破裂するぞという警告を受けて、秀美ははじめて自分がいかに学校内で先走った態度をとっていたかを思い知らされた。ここでの「いとおし」さとは、こうして新たに成長した自分を大切にしようとする気持ちである。

③ 喉を過ぎていく血のあたたかさを通して、秀美は、それが自分の体内にも流れており、結局、人間はみな平等なのだということを悟った。ここでの「いとおし」さとは、白井とのやりとりのなかで気づくことのできたその感動を、記憶にとどめたいという気持ちである。

④ 多くの教師たちは、うわべだけのやさしさを漂わせながら子供たちの世界に侵入してきたが、

白井だけは本気で自分を心配してくれた。ここでの「いとおし」さとは、そんな白井の存在をいつまでも身近なものとして感じていたいと思慕する気持ちである。

⑤　はじめは錆びたようにしか感じられなかった血の味が、しだいに生きていることを実感させる味へと変化してきた。ここでの「いとおし」さとは、白井の教えを通して、生命のもっているあたたかさにふれた喜びを大切にしたいという気持ちである。

問6　本文の特徴を説明したものとして最も適当なものを、次の①〜⑤のうちから一つ選べ。

①　教師にうまく対応できる微妙なバランス感覚にすぐれた子供が優越感を抱き、それに従わなければ排斥されるようなクラスの人間関係を、子供本来のあり方から逸脱するものとして批判的にとらえる主人公の心理が描かれている。

②　くだらない教師たちとの出会いを身の不運と考え、教室の中ではそれを甘んじて受け入れようとしながらも、思わず血を沸騰させて、担任の奥村に逆らう主人公の心情が、回想場面をまじえながら描かれている。

③　大人のやり方をまねてクラス内での地位向上をはかろうとする子供たちのずるさを敏感に見抜き、自分自身が成長していくことで、そのような嘘の世界に見切りをつけてやろうと考えている主人公の姿が描かれている。

④　教師の権威に屈服しつつ集団の連帯意識を強めようとする子供たちの世界を、未来のために越えなければならない堤防のようなものと考えていた主人公が、周囲の人々の愛情に支えられて成長へのきっかけをつかむ姿が描かれている。

⑤　教師に貼《は》りつけるラベルの扱い方や、子供たちの連帯意識からはじき出される孤独感には無頓着で、自分自身の信念にもとづいて独自の立場を堅持していこうとする主人公の意思が、具体的なエピソードを通して巧みに描かれている。

†許されない盗み

山田詠美に関しては、こんな思い出がある。もう何年も前の話だが、僕が編集に関わっている高校国語の教科書で、週刊誌などでも報道されるほどの「事件」が起きたことがあった。それは、山田詠美の『晩年の子供』を収録しようとしたところ、当時の文部省からクレームが付いて（正確には、文部省の後ろにいる覆面の審議会からクレームが付いて）、収録できなくなってしまったというものである。本当の理由は、この作家が雑誌でヌードになったりしたのがいけなかったらしいが、とにかく表向きの理由は「学校で盗みが行われるような小説は困る」ということだった。僕たちの教科書では、喫茶店の絵を盗み出す小説なら過去に収録が許されていたにもかかわらず（宮本輝『星々の悲しみ』）、学校での盗みはダメだというのだ。

盗みがいけないことぐらい誰にでもわかる。だが、小説でもいけないのか。ほかならぬ学校で盗みを働かなければならなかった主人公の気持ちを考えることすら許されないのだろうか。学校では許されないのだ。あってはならないことは、なかったことなのだ。なるほど、これが学校という空間の掟なのである。そう考えれば、このセンター試験問題が不評だった理由の一つが朧気《おぼろげ》ながらも見えてくる。

この『眠れる分度器』の主人公は、いわば「思ったことを正直に」言ってしまった児童なのだ。そして、そのことの意味を問うことで、教師だけでなく児童までもがんじがらめにしている学校空間の裏に隠された物語を暴いていくのが、この小説の語り手のポジションなのである。この問題が不評だった理由の一つは、この小説のテーマが学校空間に対するある種の挑戦を含んでいたからではなかったか。そして、それが「正解」を見えにくくしているからではなかったか。

†これが良問？

だが、これを「良問」だと説く人もいる。霜栄《しもさかえ》「ブラームスはお好き？」（『駿台式！ 本当の勉強力』講談社現代新書、二〇〇一年）である。霜はなぜか問3だけを解いて見せ、これが「良問」だと言うのである。霜の解法は次のようなものだ。

霜は、登場人物たちをいくつかの属性（小説の中での役割）に分類する。主人公秀美の母親は秀美の向かう方向をサポートする「贈与者」、教師奥村は秀美の向かう方向を邪魔する「敵対者」、クラスの子供たちは秀美の固有性を奪いかねない「競争者」、白井教頭は秀美に生きる力を与えてくれる「援助者」という具合である。その上で、傍線部Bで秀美が「明らかにしたかった」のは、援助者である白井と敵対者である奥村の違いなのだから、問3の「正解」は②だと言うのである。霜によれば、この設問の正答率は五十パーセント以下だというから、たしかにこんな風に単純化できれば、受験生にとってありがたいことには違いない。

だが、文学研究の心得のあるものなら、この説明に「おや?」と思ったはずだ。そう、あの方法とほとんど同じなのである。それは、旧ソ連のフォルマリストであるプロップが魔法昔話を分析するのに用いた方法であり(『昔話の形態学』白馬書房、一九八三年)、フランスの言語学者であるグレマスがそれを利用して「意味」を記述しようとした方法である(『構造意味論』紀伊國屋書店、一九八八年)。その後、日本でもナラトロジーと呼ばれる物語の分析方法の一つとして用いられようとしたことがある。ところが、霜の記述にはプロップのプの字もグレマスのグの字も出ては来ないのだ。ここには、二つの問題がある。

一つは、研究上のプライオリティー(誰が一番はじめにそれを「発見」したかという優先権のこと)の問題である。直接か間接かは問わず、霜がこのいずれかの方法を参照したことは間違いない。そうである以上、そのことをプロップかグレマスの固有名詞とともにきちんと記すべきではなかったか。何事によらず、第一発見者の名前にはきちんと敬意を表すべきものである。これは物書きとしてのモラルの問題だ。だが、先の本は研究書ではないので、このことは指摘するにとどめておこう。

†唯一の論理的な読解などはない

より大きな問題は、霜が固有名詞を書き込まなかったことによって、この方法があたかも唯一の「論理的な読解」（霜自身の言葉）であるかのような印象を与えることになったことにある。事実、霜は②を選択する人を「読解派、論理的」と呼んでいるのである。

しかし、それはまったく違う。プロップが魔法昔話の登場人物の行為を「機能」（魔法昔話の中での役割と言うべきだろうか）によって意味づけ分類したのは、それまで失敗し続けていた形態学の向こうを張って、魔法昔話を「単一の類型」に単純化して整理してしまうためであった。

もっとも、多くの研究者が魔法昔話をさまざまな基準で分類し、整理しようとしたが、必ずはみ出る部分が見つかって破綻し続けた。日本の昔話の「話型」（お話のパターン）による分類も同じようなものだが、そもそも分類は必ず失敗する運命にある。たとえば、イルカが魚ではなく哺乳類だという分類は、僕たちにどれほどのリアリティー（真実味）を持つだろうか。「海に住むもの」という基準の方がよほど自然ではないか。でも、まぁプロップはやった。まだ分類が信じられていた時代だったから。

プロップのやったことは、荒唐無稽に見える魔法昔話を「はじめ」と「終わり」とで区切られた出来事、すなわち僕たちがこの本で言っている「物語」に作り変えることだったと言えよう。「はじめ」と「終わり」を原因と結果と言い換えるなら、物語とは原因と結果とによって出来事をまとめ上げる因果律による出来事のまとめ方だということがわかる。しかし、因果律によって出来事をまとめ上げ、それを物語として認識することは、決して普遍的な世界観のあり方ではない。だって、この世の出来事が「神様」によってもたらされたものではなくて、結果としての出来事がそれより以前に起きた別の出来事（原因）によってもたらされたと信じることは、すごく近代的な思考方法ではないか。つまり、プロップは前近代的な魔法昔話の研究を近代化したのだ。

プロップの方法は後に文化人類学者レヴィ＝ストロースらの構造分析にヒントを与えたが、二元論によって世界を意味づけようとする構造分析が批判を受けたのも、まさにそれがあまりにも近代主義的だったからではなかったか。少し極端に言えば、「大きな物語」の時代は終わった、すなわち二元論による世界の把握などもう古いと主張する、いわゆるポストモダン思想（近代以後の思想）のすべてが、構造分析の批判者だった。二元論による世界の構造的な把握は、現実の世界にある差別を固定化すると批判されれば、たしかに反論の余地はあまりない。繰り返すが、霜の踏まえているプロップやグレマスの方法は、近代が生んだ歴史的な産物であって、決して普遍的なものではないのだ。

小説の話に戻ろう。小説ははじめから物語としてあるわけではない。読者が因果律を導入して、あるまとまりを与えたときに物語になるのだ。これは序章で説明した通りだし、この章のはじめの方で「抽象化」と述べたことも同じことである。その物語化の行為があまりにも「自然」にすばやく行われるために、多くの読者は自分のしていることに気づかないだけなのだ。そして、その行為に少しでも抗おうとする文字テクストを、私たちは小説と呼ぶのである。

もっとも、センター試験用に切り取られた『眠れる分度器』の場合、みごとに物語になっている。事実、学校空間的物語に対する挑戦を目論んで小説になりたかった『眠れる分度器』も、「学校空間の掟を暴く物語」として読むことが出来る。いや、そう読まなければならない。そうしなければ、「正解」が得られないからだ。その枠組に自覚的になれるかどうかだけが、この問題を解く鍵なのである。物語には唯一の「論理的な読解」などありはしないのだ。

†物語の作り方

センター試験『眠れる分度器』は、本文の前半部に関わる設問が特に答えにくい印象を与える。そのことの意味を、いま仮に本文のある箇所までを「前半」と呼んだことの意味をも含めて考えてみよう。

センター試験用に切り取られた「眠れる分度器」は、時間の流れを基準とするなら、大きく二つの場面に分けることが出来る。いま教室で起こっていることを説明的に語る前半部(三十七行目まで）と、かつて秀美が通っていた小学校での出来事を語る後半部（三十八行目以降）である。私たちの西洋化された世界観によれば、原因は常に結果よりも先に起こる。だから、原因と結果とによって出来事をまとめ上げる因果律によるなら、後半部で語られる出来事が原因であって、前半部で語られる出来事はその結果ということになる。

いま傍線を施した部分が、ふだんあまりにも「自然」にすばやく行われるために忘れられがちな前提条件である。少しくどいと感じられたに違いないが、物語を作られたものと考えるならば、こういう説明の仕方になるだろう。

本文の読み込みを続けよう。因果律に従えば、後半部で語られる出来事はいま教室で起こっている出来事の原因であった。すなわち、秀美が以前通っていた小学校の白井教頭から教わった「味のある血」のエピソードが、いま教室で起こっている出来事を意味づける枠組となるということである。秀美はいま自らの「味のある血」を試している。

では、「味のある血」によって何を試しているのか。教師を試していることははっきりしている。本文では、本物の教師と偽物の教師とが二項対立的に語られている。本物の教師は白井教頭のように「子供たちと同じ視線でものを見てみたいという、純粋な欲望」（四十一～四十二行目）があり、偽物の教師たちは「子供に媚を売る」（四十一行目）のだと言う。この「同じ」になることが、物語を読むときの最大のポイントなのである。

物語は二項対立的に「同じ」と「違う」との葛藤で構成される。「同じ」ものが「違う」になるか、「違う」ものが「同じ」になるかすると、それが物語の「終わり」だと感じられるのである。たとえば、前者は「同じ」価値観を共有する親子が「違う」価値観を持つようになって子供が自立したといった物語であり、後者は価値観の「違い」から仲のしっくり行かなかった友人同士が「同じ」価値観を共有するようになって仲直りをしたといった物語である。前者は「成長」の物語であり、後者は「協調」の物語である。

本文後半部のエピソードでは、白井と「同じ」になることが秀美の「成長」だと語られていることになる。確認しておくと、この場合、秀美が白井を理解するという形で、つまり子供が大人を理解する（子供が大人に近づく）という形で「同じ」になるという「終わり」を迎えているために、秀美の「成長」の物語と感じられるのである。これが逆に、白井の方が秀美を理解する（大人が子供に近づく）という形を取っていたなら、大人と子供との「協調」の物語と読まれただろう。

†学校空間と家族のメタファー

物語にもう少し色づけをしておこう。学校空間を家族のメタファーで読もうというのである。言い換えると、学校空間を家族になぞらえて読もうというのである。

本文後半部のエピソードは、「血」を介して白井教頭と秀美とが心を通い合わせるようになった（「同じ」になった）という擬似的な親子（父子）の物語だと言える。その意味で、本文に秀美の「母親と祖父」だけが書き込まれ、父の姿が書き込まれていないのはたぶん偶然ではない。白井教頭と秀美が擬似的な父子の契りを結ぶ（「同じ」「血」を共有する）のが、この物語のテーマだからである。どうやら、この物語は秀美の父親探しの様相を呈することになりそうだ。

一方、本文の前半部で秀美が教師の奥村に対して行っていることは、奥村が白井教頭と「同じ」なのかそれとも「違う」のかを試しているということだ。ここに、もう一つの「同じ」と「違う」との葛藤の物語が仕掛けられていることになる。ただし、この前半部は「はじめ」も「終わり」も欠いた不完全な物語としてしか提示されておらず、そのために後半部の物語を枠組として読むしかないのである。

本文前半部の物語としての不安定さには、以上のような理由がある。だから、前半部に関する設問の方が答えにくいのだ。そこで、この本文の構成を踏まえて、設問も後半部に関する問4と問5から考えてみよう。

†擬似的な父子の物語

後半部はいかにも学校空間的な成長の物語だった。つまり、道徳的な枠組から読めるということだ。たとえば問4は、後半部が「擬似的な父子の物語」だと読めていれば、すぐに「正解」が出る設問である。まず、五つの選択肢をすぐに二つにまで絞り込むことが出来る。ここで物語を演じているのは擬似的な父と子であって教師と児童ではない。したがって、白井に即して「子供たち」という言葉を書き込むことで、教師と児童との一般的な物語に読んでしまう選択肢②③④はすぐに「誤答」と判断できるのだ。秀美に関心を集中させている①と⑤だけが残る。ところが、⑤は「人と人とが深く関わっていくことの楽しさを教えよう」となっていて、「血」を流してでも父子の契りを結ぼうとする厳しさに欠けている。したがって、「正解」は①となる。

これが、「擬似的な父子の物語」として読んだ答えだ。この設問は、このような道徳的な枠組から読まない限り「正解」は出せない。より正確には、「擬似的な父子の物語」と読まない限り選択肢を一つには絞り込めないと言うべきだろうか。②も③も④も決定的には間違ってはいない以上、これらを「誤答」とする積極的な理由は見いだせないのだから。それにもかかわらず、これがセンター試験小説の設問として成立してしまっているのである。

このことは、受験国語の小説がいかに道徳的な枠組によって読むことを強制しているか、いかに道徳的な枠組によって設問が作られているかということを如実に示している。だから、「**学校空間では道徳的な枠組によって読みなさい」という暗黙のルール**（これを「受験小説の法則①」と呼んでおこう）を共有していない受験生が「正解」を一つに決められなかったのは当然なのである。多様な読みが出来る受験生が、逆に「小説が読めない」受験生になってしまうことがあるのは、こういう理由によっている。

ところで、①が「正解」と想定されていたらしいことは、選択肢の作り方からも見て取れる。偶然だろうか、いま「誤答」と判断した⑤には「子供たち」という言葉が使われている。そこで手っ取り早く、この設問で問われているのは秀美と白井二人だけの関係であって、児童たち「みんな」と白井との関係は中心的な主題ではないと決めてかかってしまう方法もあるのだ。そうすれば、「子供たち」という言葉が書き込まれている②③④⑤は一気に消去できる。残りは①だけである。おそらく明確には意識しないまま、出題者は「子供たち」という言葉を「誤答」のサインとして書き込んでしまったのだろう。

さらに付け加えておくと、実は⑤だけが「好奇心が旺盛なくせに、普段は子供たちの仲間に入っていけない秀美」などと、秀美について本文とは無関係な記述が書き込まれていて、明らかな「誤答」としてのサインが出ている。このことは、「正解」として作った①のダミー（「正解」にそっくりな「誤答」）として、①のコンセプトに似せて⑤が作られたらしいことを物語っている。つまり、**「正解」は似ている選択肢のどちらかである可能性が高いのである**（これを「受験小説の法則⑤」と呼んでおこう）。こうした事実からは、出題者の心理が透けて見える。

†「血」のメタファーで読む

問5も問4と同じ考え方で「正解」を得ることが出来る。本文後半部のエピソードは、「血」を介して行われた擬似的な父子の契りの物語だった。だから、迷わずこのような「血」の意味に触れた③と⑤に絞り込むことが出来るが、③には「人間はみな平等なのだということを悟った」などという頓珍漢なフレイズが「誤答」のサインとして入っているので、「正解」は⑤だと判断できる。①もやや⑤に似ているが、問4の⑤と同様に、「自分はいままで親しみを持てる教師と出会うことがなかったため、学校のなかではいつも孤独だったが」と、本文とは無関係なフレイズと本文の前半部にしか当てはまらないフレイズとが書き込まれているので「誤答」となる。

ここで、前半部に関する設問に戻ろう。

問1は言葉の文脈上の意味を問う設問。(ア)は慣用表現なのでそのまま③を選べばいい。(イ)は、ここでの「休息」が「教師と親しい関係になること」を意味することが押さえられていれば、それを「封印する」ことは④になる。受験技術的には、⑤が見当違いで、①と④がセット、②と③がセットになっていることを確認した上で、「正解」を選べばいいわけだ。(ウ)は、傍線部の一行前に「現在は、現在のためにだけ存在する」(三十三行目)とあるから、素直に②を選ぶ。いずれも小手調べ程度の難易度だ。

問2は単なる説明を求めた面白味のない設問で、五つのうち四つの選択肢には確実に「誤答」のサインが記されているから、消去法で考えればいい。①は「クラス内で自分の地位を向上させようとしない子供」がサイン、②は「自分たちに媚びる〜」以下がサイン、③は全体におかしいが、特に「自分が教師よりも利口だと思っている子供たち」がサイン、④は「表立って教師に逆らうような子供〜」以下がサインというわけで、⑤が「正解」となる。

問3は、書かれていることから「書かれてないこと」を読み取るように求めた設問で、その意味ではこの中で最も高度な設問だと言える。「書かれてないいんだから答えようがないよ」という真っ当な批判もあり得るが、これこそが「行間を読む」設問の典型であって、「書かれてないこと」を読み取るのが小説の高度な読み方だという暗黙の約束事が社会的に存在している以上、こういうところが答えられないと「小説が読めない人」にされてしまうのである。問3は、「国語が出来る」かどうかを測定するリトマス試験紙のような役割を果たす設問なのだ。だから、霜がこの設問だけを解いて見せたかった気持ちは、実はよくわかる。

設問には「本文全体の内容をふまえて」答えなさいとある。いわゆる「文脈から判断する問題」である。はじめに確認したように、この本文では前半部の物語が「はじめ」も「終わり」も欠いた不完全な形でしか提示されていないので、後半部の物語を読みの枠組として前半部を読まなければならない、それを実行せよという指示である。

後半部は「擬似的な父子の物語」であった。これを読みの枠組として読む限り、選択肢の中で引っかかるのは、奥村という教師が「父」にふさわしいかどうかを試そうとしている②と⑤しかない。ところが、⑤の方は、「わざと自分を見くびらせて子供と親しくなろうという魂胆を持った教師」といういかにも後半部を意識した一節が書き込まれてはいるが、奥村が「クラス全体に自分の考えを浸透させるために、わざと自分を見くびらせて子供と親しくなろうという魂胆を持」っていたかどうかは、本文からは判断できない。本文に「書かれてない」ことを問うのに、本文からは判断出来ない事柄で答えるのはいかにもルール違反だと言える。そこで「正解」は、後半部をそのまま踏まえ、奥村が白井と「同じ」ように「血の通った」教師、すなわち「父」であるかどうかを試したとする②ということになる。「血」のメタファーに触れた②だけが「正解」なのだ。これ以外に、選択肢を一つに絞り込む方法はない。

これは、霜が言うような「論理的な読解」では決してない。「学校空間では、物語は家族のメタファーをコードとして読め」という隠されたルールを適用した場合にのみ「正解」が得られるにすぎないのである。何度でも繰り返すが、それは決して普遍的に「正しい」読みではないし、「論理的な読解」でもない。学校空間が採用している読みにすぎないのだ。

残るは問6、これは消去法を使うしかないつまらない設問だ。①は「子供本来のあり方から逸脱するものとして批判的にとらえる主人公」の部分が「誤答」のサイン。読者はこういう一般論的な「批判」を抱く自由を持つが、それは「主人公」のものではない。③は全体が変だが、特に「大人のやり方をまねて」以下が「誤答」のサイン。④も全体が変だが、特に「周囲の人々の愛情に支えられて」以下が「誤答」のサイン。⑤は「無頓着で」が決定的に「誤答」のサイン。残るのは、「回想場面をまじえながら」と、唯一本文全体の構成に触れた②ということになる。

こうして全体を解いてみると、出題者が後半部の回想場面を読みの枠組として全体を読むように求めていることがよく見えてくる。後半部の「擬似的な父子の物語」の枠組から前半部の不完全な形で提示された物語の空白（わざと詳しく書き込むことを止めているために、読者が深読みをしなければ意味が決められないところを、文学理論で「空白」と呼ぶ）を読む試みは、「学校空間の掟を暴く物語」を完成させる。具体的には、問3がその空白を埋める作業だったのである。しかし、逃げ水のようにその先に小説がある。

†フロイト的家族の物語

「学校空間の物語」とは実は「家族の物語」にほかならなかった。いや思い切って、学校空間が隠していたのは「家族の物語」だったと言うべきだろうか。あるいは、学校空間を物語に仕立て上げるのは家族のメタファーだったと言うべきだろうか。いずれにせよ、フロイト的家族が物語を支えていることにかわりはない。フロイト的家族は、「血」と「性」とによって成り立っていて、子が親と「同じ」になることを「成長」と意味づける。つまり、それが「道徳的に正しい家族」だと意味づける。学校が道徳教育を代行する現代のような学校社会では、小説も家族のメタファーで読まれてしまう。つまり、教師と児童だろうが友人同士だろうが恋人同士だろうが、家族関係のように読まれてしまうということだ。多くの小説はそのことに抗おうとして、ほとんどの場合敗北する。

受験小説を得意とする受験生たちは、おそらく十分には意識化しないまま、小説を「家族の物語」に「翻訳」するルールを身につけてきたし、これからもそうするだろう。その結果、「家族の物語」は内面化し、彼らのモラルを規定するようになるだろう。国語という教科でこのルールを決して教えないのは、まさにこのためなのだ。これが「小説が読める」ことの深い意味である。国語がソフトなイデオロギー装置(一見それとわからないようなソフトなイデオロギー教育の仕掛け)であり得るのは、「小説が読める」という言い方が、こうしたことのすべてを覆い隠してくれるからにほかならない。だからこそ、センター試験という国民的行事において、だれ憚《はばか》ることなく「家族の物語」を受験生に刷り込むことが出来たのだ。とりわけ、小説からの出題ではそのことが気づかれずに出来る……。

僕たちが学校空間にいながら学校空間から遠く離れるためには、すなわち学校空間を意識化するためには、まず受験小説に隠されている暗黙のルールを暴いてしまうことから始めるしかない。

それには、いかにはしたなく見えようとも、この本で行なうような試みを続けていくしかなさそうだ。

第二章

崩れゆく母、あるいは記号の迷路

†性別のある悩み

どうしたことだろうか、このところセンター試験の小説はテーマを「母の崩壊」と決めてしまったようだ。理由はわかるような、わからないような気がする。出題者は一人ではないのだろうが、同じテーマがこう続くとセンター試験の精神分析が必要になってくるかもしれない。

少し前になるが、朝日新聞で「母と娘」について特集を組んだことがあった。その最後に高石浩一（当時、京都文教大学助教授）のインタビューを載せている（一九九八・一〇・二）。高石は、現代社会で「母と娘」の関係がこじれるのは、女性に「母」になる以外の選択肢が用意されていないからだと言う。母は母で自分の中の「娘」の部分が抱えている問題を現実の娘に押しつけ、娘は娘でそんな「母」になる以外の選択肢がないのだから、それを全部引き受けるしかなく、その結果、必要以上に密着した関係が作り上げられてしまうと言うわけだ。「母」になる以外の選択肢のない「娘」が「母」を否定すれば、自分の社会的な役割が失われ、「私はなに？」というとうてい答えの出ない問いが、むきだしの形で彼女たちに襲いかかることになる。これが、高石の説明だ。

実は、当時は「摂食障害」ということが話題になっていた時期だった。心が不安定になって、食べ過ぎたり逆に食べられなくなったりする「病気」である。この朝日新聞の特集と同じ一九九八年には山登《やまと》敬之《ひろゆき》『拒食症と過食症』（講談社現代新書）という本も出ている。山登は高石の説にも触れながら、「摂食障害」とは「アイデンティティーをめぐる冒険」だと言っている（ちなみに、この言い方は村上春樹『羊をめぐる冒険』のパロディーだと思う）。

「アイデンティティー」はよく聞く言葉だが、これは二つの要素からなっている。一つは言うまでもなく「自分が自分であること」だ。もう一つは「自分が自分であると社会的に認められていること」だ。つまり、アイデンティティーとは独りぼっちで問う問題ではなくて、社会の中で問われる問題なのである。「摂食障害」は女性に特有の現象だというが、それは社会的に身体で自己表現することを強いられることの多い女性が、身体に関わる「拒食症と過食症」という形で悩みを表現するからだろう。「身体で自己表現すること」と言うときれい事だが、要するに女性は「美人」であることが求められているということだ（この点については井上章一『美人論』朝日文芸文庫、一九九五年、に詳しい）。

高石の言う「私はなに?」という問いこそがアイデンティティーへの問いかけなのだが、それが仕事や学業との関係でなく、「母」との関係で問われるところに女性の置かれた社会的ポジションの問題があるわけだ。山登も慎重な書き方ながら、「摂食障害」と「母」との関係に触れている。どうやら、女性は悩み深い存在らしい。

一方、高石によれば、「息子」の場合は、そんな本質的なことに悩む余裕すらないらしい。大人になったら「どうせ働かなきゃいかん」と教え込まれているから、「息子の場合は、父を否定してもしなくても、父以外の生き方の選択肢が多様に用意されている」から、「どう生きるか」などというやっかいな問題に悩む前に、「どの選択肢を選ぶか」という問題に迫られ、その結果「父」と「息子」とは適度な距離が取れるということになる、のだそうだ。

この当時はすでに、主に若い男性が示す「社会的ひきこもり」(斎藤環《たまき》『社会的ひきこもり』PHP新書、一九九八年)現象などの問題がすでにクローズアップされ始めていたから、まるで「男は悩まない」かのような説明の仕方に、「男だって辛いんだぜ」と思いながら、この記事を読んだ覚えがある。それに、「社会的ひきこもり」に近い現象は早くに笠原嘉《よみし》によって「スチューデント・アパシー」という呼び方で注目されていたのだ(『青年期』中公新書、一九七七年)。「スチューデント・アパシー」とは大学生特有の「ひきこもり」的現象で、やはり男性に特有のものだと言う。斎藤環も「スチューデント・アパシー」は「社会的ひきこもり」の一つの形だとしている。

「社会的ひきこもり」が「アイデンティティー」に関する問いかけであることは言うまでもないだろう。社会に出て働くことが求められる男は「ひきこもり」という形で悩みを表現するのだ。男性だって「どう生きるか」とか「私はなに？」と悩んでいるわけだが、それが「父」との関係でなく、仕事や学業との関係で表現されるところに男性の置かれた社会的ポジションの問題があることになる。

つまり、こういうことだ。女にも男にも等しく悩みはある。当たり前の話だ。しかし、その表現の仕方に性別があるということなのだ。つまり、悩みにはジェンダーがある。たぶん、そういうことだ。ちなみに、ジェンダーとは生物学的な性別ではなくて社会的に決められた性別のことだというのが一応の定義だけれども、最近は生物学的な性別であるセクシュアリティーと社会的な性別であるジェンダーとを区別しない方向が強く打ち出され始めているので、この問題には深入りしないことにする。

†母の崩壊

そういうわけで、僕の「男だって辛いんだぜ」という感想にはちゃんとした根拠があったわけだが、「息子は楽だぜ」といった感じの言い方に目をつぶれば、高石の「母」と「娘」の関係に関する説明には聞くべきところがあると思う。『「母」という生き方に縛られる女性』というテーマは、近代文学の十八番《おはこ》（得意な芸）の一つだからである。もっとも、「母」が普通に「母」でいられるのならわざわざ文学は取り上げない。心が壊れるときが文学のテーマになり、愛が壊れるときが文学のテーマとなり、家族が壊れるときが文学のテーマとなるように、母が崩れるときが文学のテーマとなるのである。

それじゃあ「22歳の春にすみれは生まれて初めて恋に落ちた」という一文で始まる村上春樹『スプートニクの恋人』（講談社文庫、二〇〇一年）はどうなのかという質問が出るかもしれない。小説なのに「恋が壊れていないではないか」と。しかし、この小説は「絶対の孤独」をテーマとした風変わりな恋愛小説なのであって、そう言ってよければはじめから恋愛が壊れている。だから、こういう書き出しが許されるのである。文学は底意地の悪いものなのだ。

さて、最近亡くなった江藤淳という文芸評論家に『成熟と喪失　〝母〟の崩壊』（一九六七年）というすぐれた「母」論がある。この本が中心的に論じているのは、一九五五年前後に日本の文壇に登場した、安岡章太郎、小島信夫らの「第三の新人」と呼ばれる一群の小説家たちである。「第三の新人」の中でも安岡章太郎と小島信夫の二人は好んで、家族をテーマに書いた。安岡は主に親子の問題を、小島は主に夫婦の問題を書いた。

江藤によれば、アメリカでは母親は、やがてフロンティアにたった一人で旅立たなければならない息子の宿命を知っているから、どこかで拒絶しながら子育てを行うが、家庭のほかに生きる場所を持たない日本の母親はおしつけがましいほどの密着度を息子に示す。そして、息子もそれを受け容れている。だから、日本では息子が「成熟」することは「母の喪失」という感覚と引き換えになるのだと言うのだ。もう一つ注目すべきところは、「母」が「女」として生きようとすることを、江藤が「母の崩壊」と呼んでいることだろう。江藤にとっては、「母」であることと「女」であることは同時には成り立たないものだったのだ。そこに、江藤の「古さ」を見ることも出来そうだ。

先の高石の分析が「母」と「娘」の関係をよく説明しているなら、江藤の分析は「母」と「息子」との関係をうまく説明できていると思う。いずれにも共通するのは、社会の中で、家庭に生きるしかない「母」の息苦しさだろうか。これは生物学的に女性が引き受けている苦悩ではなく、社会的に与えられた役割が悩ませる苦悩だ。その意味で、これこそがジェンダーのある苦悩の形だと言える。そして、現代社会では、こういう息苦しさから逃れるためには、「母」であることをやめ、「女」であることを選ぶしかないことになる。もっとも、こういう「女としての母」を男性作家がきちんと描くことが出来たのは、「第三の新人」たちがはじめてだった。近代文学が始まって以来、なんと百年近くも経ってからの出来事なのだ。

センター試験の「母」たちはどういう「母」だろうか。あるいは、こういう社会構造を持つ日本の「母」に関する小説を出題し続けるセンター試験の精神と戦略は、どのようなものだろうか。ただの偶然ではすまされないような何かがそこにはある。

離婚した「母」を書く津島佑子『水辺』では、「娘」を抱えながらも一人の「女」として自立しようとする女性の心のあり方が「水」のイメージで語られている。これは、いかにも現代の「母」のあり方を、あるいは現代の「母」の可能性を見せている。では、それ以前の「母」はどういう存在だったのか。堀辰雄『鼠』や太宰治『故郷』は、憧れの存在としての美しき「母」や、死に行く存在としての優しき「母」を書いている。現代から見れば、こういう「母」はいかにも作り物めいて見えることはいかんともしがたい。しかし、それでも『鼠』も『故郷』も「母」が失われる物語であることは事実なのである。戦前の小説であっても、「母」は失われたときにしか小説のテーマにはなりにくかったようだ。小説は失われたものを好むからだ。

さて、一人ではないセンター試験の出題者の精神分析など出来ようもないが、仮にセンター試験に統一的な主体があるとすれば、かなり古風な感性の持ち主と、それなりに現代的な感性の持ち主とが葛藤しているかのような趣がある。ただ、このところの山田詠美→堀辰雄→津島佑子→太宰治という展開には、女性作家と男性作家を交互に出題する感じがある。このパターンで行けば、来年（二〇〇三年）は現代的な感性を持った女性作家の小説ということになるけれど、山田詠美の場合は、前の章で検証したように設問の作りがいかにも学校空間的だったので、センター試験の歴史の中では津島佑子の小説からの出題が最も画期的だったと思う。

それにしても、津島佑子の次の年にそのオヤジの太宰治を出すかなぁ。東京大学の教官に太宰治の専門家がいるけど、まさかなぁ……。現代的になろうとする動きを保守的な感性が引き留めている構図のようにも読めるところが、ちょっと気にかかる。

では、これからセンター試験をもう一題解こう。「これって、間違い探しじゃない」とは、この原稿でセンター試験をはじめて見た高校二年の息子の言葉だ。なるほど、僕たちは「失われた母を求めて」（もちろんプルースト『失われた時を求めて』のもじり）、これから「間違い探し」のために記号の迷路を彷徨《さまよ》うことになるのだろう。この章では、堀辰雄『鼠』（二〇〇〇年度）を解く。僕は大学受験の小説はメタファー（隠喩）で解くと言ったが、これは直喩の小説だ。それでも、メタファーで読まなければ大学受験の小説は解けないものなのである。

【過去問②】メタファーを生きる子供

次の文章は堀辰雄《たつお》の小説『鼠《ねずみ》』の全文である。これを読んで、後の問い（**問1〜6**）に答えよ。

彼らは鼠のように遊んだ。

　彼らはある空き家の物置小屋の中に、どこから見つけてきたのか、数枚の古畳を運んできて、それを一枚一枚天井の梁《はり》の上に敷きつめた。するとそのおかげで、そこには――天井と梁との空間には、一種の部屋のようなものができあがった。それは秘密好きな子どもらが誰《だれ》にも見つからずに遊ぶためには(注1)屈竟《くつきよう》な場所だった。その隠れ場はしかし黴《かび》のにおいがした。

　そこは、一日中、うす暗かった。そのために、彼らは真昼間でも、夢の中でのようにそこで遊ぶことができた。彼らはみんな十ぐらいの男の子ばかりだった。彼らは学校がすむと、いったんは家へかえり、それからすぐまた出直してくるのであったが、それはカバンと草履《ぞうり》との代わりに、めいめい家から何か遊び道具を持ち出してくるためだった。彼らのあるものはこっそりと父親の煙草《たばこ》を盗んできた。そうすると一本の巻き煙草が二、三人によってかわるがわるに吹かされるのであった。そうして、ある日のことだった。誰だか、石膏《せっこう》の女の人形（それは石膏のヴィ(注2)ナスであった！）を家から盗んできたものがあった。最初のうちは、何か異様な、そして秘密なものでもあるかのように、そっと次から次へと手渡しされていたが、しまいには、もう一度それを手で触って見ようとする者どうしが、奪い合いをはじめて、とうとうその手足をバラバラにもいでしまった。そうしてから、彼らはくすくすと音を立てずに笑った。――しかし、そういうばか騒ぎの間でも、彼らは決して喧《やかま》しい物音を立てなかった。もし誰かが大声でわめきでもしたら、すぐその者は規則違反者として罰せられたに相違ない。それほど彼らの遊戯の秘密は厳重に守られていたのだ。彼らはＡそういう規則が、詩人を刺激する(注3)韻《ライム》の法則のように、彼らの遊戯を一そう面白くすることを知っていたからだ。

彼らはそこで、毎日、鼠のように遊んでいた。

ところが、その物置小屋の中に、B一大事件がもちあがった。

というのは、その天井裏に、石膏のお化けが出るという噂《うわさ》が、誰の口からともなく、ひろがり出したのである。

ある夕方、彼らの一人が、みんなの帰って行ってしまった後も、そこにまだ、一人きりで残っていた。彼は、何気なく畳の上にちらばっている、いつかの石膏のバラバラになった手足を、暗がりの中に手さぐりしながら、かき集めた。そしてそれらを接ぎ合わせて、どうにかこうにか原型に近いものにすることができた。見ると、あと足りないのは、ただ女の首だけだった。そこで彼はそれを捜すためにマッチに火をつけた。そして何本も何本もそれを無駄にした。だが、その石膏の首は、その畳の上にはどこにも見あたらなかった。とうとうしまいには、彼もあきらめて、火のついたマッチを手にしたまま、畳の上からひょいと顔を持ちあげた。と同時に、彼は思わずあっと叫んだ。彼の手にしていたマッチのかすかな光が、彼の前の虚空に、彼の捜していた石膏の首を（しかもそれは人間の生首の大きさぐらいあった！）白くぼやっと照らしたのである。そこで彼はびっくりしてそこを逃げ出してきたというのであった。

子どもたちの心の中で、その石膏のお化けに対する好奇心と恐怖とが戦った。そして彼らの好奇心がようやく彼らの恐怖に打ち勝った者が数人あった。そのものは一かたまりになって、物置小屋の中にはいって行った。だが、天井裏によじのぼって、黴のにおいのする古畳の上に、いくつも、石膏の手や足がバラバラにころがっているのを見ただけで、なんとなくうす気味わるくなって、誰がいいだすともなく、わあっといって梁から降り、小屋の外へ飛び出して来てしまった。

そのようにして、彼らは、その数か月間の隠れ場を見棄《みす》てなければならなかった。

しかし彼らはすぐ、それの代わりになるものを見つけた。

彼らは、以前、物置小屋の天井裏に絶好の隠れ場を見つけたのと同様の(ア)「よい嗅覚《きゆうかく》」をもって、今度はそれをあるお寺の床《ゆか》の下に見つけたのだ。彼らはその床の下に、これはまたどこから盗んできたのか、数枚のアンペラ(注4)を運び込んだ。そしてそこで彼らは土竜《もぐら》のような遊びを始めた。そこは物置の中とは比べものにならないくらいに涼しかった。ちょうど季節がこれから夏に向かおうとしていたので、彼らはこの新しい隠れ場の冷え冷えとしているのを、何よりも好んだ。しかし、ここはあんまり暗くて、あんまりジメジメしているので、ときどき彼らは自分たちが悪夢を見ているのではないかとさえ疑った。そして彼らはひそかに、昔の天井裏の生活にあこがれた。

ところが、ここに大胆にも、全く一人きりで、誰にも、もちろん仲間の者にも、気づかれずにその天井裏に上っていって、昔のままの鼠のような生活を続けていた、一人の少年があったのである。

それは最近に母をうしなったばかりの少年であった。彼はそのことを非常に悲しんでいた。ときどき彼は涙の発作に襲われた。だが、この少年の(イ)驚くべき自尊心は、そういう彼の涙を他人に見られるのをひどく厭《いや》がった。そこで、彼は、どうしたらそういう発作の時に完全に一人でいられるかとしきりに工夫をした。

彼は物置小屋の中の薄明が好きだった。彼はときどき、この薄明の中で、友人たちに気づかれないように、こっそりと泣いた。この種の隠れ場で泣くのは彼には生理的に快くさえあった。彼は泣きながら、彼を取り巻いている友人たちが、一人もいないような場合を想像することがあった。突然、それが彼に大胆な計画を思いつかせた。

　石膏のお化けは、実は、この少年のつくりごとに過ぎなかったのである。そして彼は彼の計画に成功した。その結果、畳の上にころがっている、石膏のバラバラになった手足を恐《こわ》がらずに、天井裏の部屋に上って行ける者は、彼一人だけになった。——しかし彼のそういう大胆さは、超自然的なものに対するそれではなしに、つまり、自分の友だちをだましたところにあったというべきだ。

　ある日のことだった。彼は、その彼だけのものになった隠れ場で(ウ)さめざめと泣きあかした後、どうしても自分の家に帰る気がしなかったので、そのままそこに横になっていた。いつしか夜になった。彼は空腹を感じだした。それでも彼はそこを立ち上がろうとしなかった。

　彼は、彼の母が死んでから、急に自分に対してやさしくなった父のことを思い浮かべた。こんなに遅くまで帰らない自分のことを、父はきっと心配して、夕飯も食べずに待っているだろう。だが、それも、彼をそこから起き上がらせるには十分でなかった。何かふしぎな力が彼をそこにしばりつけているかのようであった。

　そのうちに、彼はうとうとしだした。彼は自分が夢を見だしているのに気づいた。それとほとんど同時に、彼はあたかも夢遊病者のように、無意識的に、彼のまわりにころがっている石膏の破片をよせ集め、そしてそれを接ぎ合わせはじめていた。正確にいうと、そんなことをしだしたのが彼を夢《ゆめ》現《うつ》にさせてしまったのか、あるいはその中で自分がそんなことをしている夢を見だしたのか、どちらだか彼にはよく分からなかった。それにもかかわらず、彼のふしぎな仕事はずんずん進行していった。そして、そこに、ほとんど元のままの石膏のヴィナスができ上がった。ただ、それにはヴィナスの首だけが欠けていた。彼はそれを捜すために何本かのマッチをすった。その挙句《あげく》、彼は、彼の目の前の虚空に、人間大の石膏の女の顔を、彼のつくりごとの中でと同じように、認めた。いまや、現実が（あるいは夢が）彼のつくりごとをそっくりそのまま模倣しだしているらしいのである。ただ、現実あるいは夢が彼のつくりごと以上であったことは、意外にも、その石膏の女の顔が、彼の死んだ母の顔にそっくりであったことだ。何物かそれを彼の母であると彼に固く信じさせたものがあった。そのため、彼は彼の心の恐怖をおもてに現すまいと一生懸命に努力した。――その瞬間、彼の母の顔はやさしく微笑《ほほえ》んだように見えた。それから彼女は急に彼の上にのしかかるようにしながら、彼の唇の上にそっと接吻《せっぷん》をした。彼はその接吻が気味わるくひやりとするだろうと思っていたのに、その唇はまるで生きているように温かかった。――次の瞬間、彼は愛情と恐怖とのへんな具合に混ざり合った、世にもふしぎな恍惚《エクスタシイ》を感じだしていた。

（注）1　屈竟――きわめて都合のよいこと。
2　ヴィナス――ローマ神話で、愛と美の女神。
3　韻《ライム》の法則――ライムとは、西洋詩の技法の一つ。詩の行の終わりで同じ音を繰り返す規則のこと。

4　アンペラ――ここでは、敷物にする筵《むしろ》のこと。

問1　傍線部(ア)〜(ウ)の語句は本文中でどのような意味に使われているか。最も適当なものを、次の各群の①〜⑤のうちから、それぞれ一つずつ選べ。

(ア)　よい嗅覚《きゅうかく》
① 超自然的なものに対するすぐれた感受性
② 動物のような鋭い直感
③ 群れを作るものに特有の防衛本能
④ 弱者が身を守るためのすばやい反応
⑤ 子どもらしい柔軟な発想

(イ)　驚くべき自尊心
① 異常な羞恥心《しゅうちしん》
② 他人を寄せつけないほどの独立心
③ 子どもとは思えないような自制心
④ 度がすぎた自己愛
⑤ 人並はずれた気位

(ウ)　さめざめと
① われを忘れるほどとり乱して
② 涙をこらえてひっそりと
③ 気のすむまで涙を流して
④ いつまでもぐずぐずと

⑤ 他人を気にせず大きな声で

問2 傍線部A「そういう規則が、詩人を刺激する韻《ライム》の法則のように、彼らの遊戯を一そう面白くする」とあるが、それはどういうことか。その説明として最も適当なものを、次の①〜⑤のうちから一つ選べ。

① 詩が詩であるために必要な韻の法則が詩人の詩心を刺激するように、遊びを遊びらしくする法則に従って行動することが、遊びをより面白くするということ。

② 巧みに秘められた韻の法則が詩人の詩心を刺激するように、遊びの約束ごとを他人に知られないようにすることが、遊びをより面白くするということ。

③ 日常の言葉遣いとはかけ離れている韻の法則が詩人の詩心を刺激するように、遊び場に特有の子どもらしい約束ごとが、遊びをより面白くするということ。

④ 言葉の自由な選択を制約する韻の法則が詩人の詩心を刺激するように、約束ごとを守ることによってもたらされる緊張が、遊びをより面白くするということ。

⑤ 静かな音楽性を尊ぶ韻の法則が詩人の詩心を刺激するように、大きな声で騒いだり、やかましい音を立てたりするのを禁じることが、遊びをより面白くするということ。

問3 傍線部B「一大事件がもちあがった」とあるが、次のア〜オはそれぞれ「一大事件」の前後のできごとを述べたものである。それらのできごとを時間の経過にそって整理するとしたら、どのような順序になるか。最も適当なものを、次の①〜⑥のうちから一つ選べ。

ア 子どもたちの一人だけは、お化けのことを怖がらずにほかの友人たちが行かなくなった天井裏の秘密の遊び場に行き、鼠のような生活を続ける。

イ　子どもたちの一人が、家から石膏で造られた女の像を秘密の遊び場に持ってきたが、みんなでそれを奪い合い、ついにこわしてしまう。

ウ　子どもたちの一人が、ひとりで天井裏の遊び場に残っていたとき、何もないはずの空間に人間大の石膏の女の顔を見たことを話す。

エ　子どもたちの一人は、母をうしなった悲しみから友人たちにかくれて泣いていたが、だれにも気がつかれずひとりで思い切り泣ける場所を確保する計画を思い立つ。

オ　子どもたちの何人かが、天井裏の秘密の遊び場で手や足がバラバラになった石膏の女の像を見てうす気味わるく感じ、あわててそこを飛び出す。

①　イ―ウ―ア―エ―オ　②　イ―エ―ウ―オ―ア　③　イ―オ―ウ―エ―ア
④　エ―イ―オ―ア―ウ　⑤　エ―ウ―イ―オ―ア　⑥　エ―オ―イ―ア―ウ

問4　傍線部C「いまや、現実が（あるいは夢が）彼のつくりごとをそっくりそのまま模倣しだしているらしいのである」とあるが、この場面の説明として最も適当なものを、次の①〜⑤のうちから一つ選べ。

①　バラバラになった石膏像を組み立てはじめると、しだいに現実感が遠のき、自分のつくりごとどおりの情景が夢のなかにあらわれていた。

②　バラバラになった石膏像の破片を組み立てていると、何かふしぎな力がはたらき、母が死んだ時の悲しみがこみ上げ、やがて人形の顔に母の面影がかさなりはじめた。

③　超自然的な力が少年にはたらき、無意識のうちにバラバラになった石膏像を組み立てさせたが、できあがったものは彼のつくりごとであったお化けと顔つきまでそっくりであった。
④　つくりごとをとり繕《つくろ》うために、少年はバラバラになった石膏像を組み立てたが、できあがった石膏の女の顔は、思慕のあまり母そっくりになっていった。
⑤　夢現《ゆめうつつ》のうちにバラバラになった石膏像を組み立てはじめると、そこにないはずのヴィナスの顔まであらわれてきたが、それはかつて友だちに言ったつくりごとの再現のようであった。

問5　傍線部Ｄ「彼は愛情と恐怖とのへんな具合に混ざり合った、世にもふしぎな恍惚《エクスタシイ》を感じだしていた」とあるが、このときの少年の心の動きの説明として最も適当なものを、次の①〜⑤のうちから一つ選べ。

①　死んだ母と接吻するという異様なできごとに遭遇し、少年はいいしれぬ恐怖感におそわれると同時に、母のいたわりを感じて愛情がとめどなくあふれてきた。
②　石膏の女と唇をかさねるという奇妙な体験の中で恐怖を感じながらも、少年の心に生前の母のやさしさや愛情がよみがえり、少年はなつかしさのあまりうっとりとなった。
③　少年は自分のつくりごとをこえた事態の展開に恐怖感をいだきつつも、そこに出現した母の唇のぬくもりに愛情をよびさまされ、官能をともなった喜びにわれをわすれた。
④　死んだ母がのりうつったような石膏の人形と接吻したとき、意外にも恐怖感は消えさり、少年はそこに血の通ったあたたかさとたとえようのない興奮を覚えた。
⑤　少年には死んだ母が生きているように感じられ、死者に対する恐怖感をいだきつつも母と再

会できたことに喜びを感じ、そう固く信じさせてくれた超自然の力に驚き感動した。

問6 本文の内容と表現の特徴を説明したものとして**適当でないもの**を、次の①〜⑤のうちから一つ選べ。

① 亡くなった母を思慕する少年が悲しみの果てに体験したふしぎなできごとが、物置小屋の中で起こった「事件」をはじめとする怪談めいたエピソードを織り込みながら、幻想的に描かれている。

② 大人の目の届かない陰の空間を探しあてたり、ルールに従って秘密の遊びに興じたりする少年たちの姿が、「鼠」や「土竜」といった比喩《ひゆ》を用いることによって巧みに描かれている。

③ 隠れ場で起こった「事件」によってひきおこされた少年たちの恐怖心や、亡くなった母を慕い続ける一人の少年の繊細な心理が、当事者から少し離れた立場にたって描かれている。

④ 母を亡くした主人公の少年が一人で隠れ場にこもっているうちに、しだいに母への思いを強めていくようすが、できごとの起こった順序ではなく、彼の心の動きに即して、内省的に描かれている。

⑤ 前半部では屋根裏や床下で遊ぶ少年たちの姿がいきいきと表現され、後半部では友だちからはなれ亡くなった母を慕う少年の甘美な陶酔が、なまなましい感覚を通して描かれている。

†直喩とはなにか

『鼠』には直喩が頻出する。出だしからして「彼らは鼠のように遊んだ」なのだから。その後も、直喩ではないが、それに近いたとえの表現がたくさん出てくる。「部屋のようなもの」（四行目）、「夢の中でのように」（六行目）、「秘密なものででもあるかのように」（十二行目）などなど。そして、新しい「隠れ場」では「土竜のような遊びを始めた」（四十三行目）のだ。

　ところで、国語で直喩という種類の比喩は習っているだろうか。「リンゴのような頬」とか「雪のような肌」といった具合に、似たもの同士を「ような」でつなぐ表現だ。この場合、「リンゴ」も「頬」も「赤い」という点で似ているし、「雪」も「肌」も「白い」という点で似ているわけだ。「「頬」を「リンゴ」に、「肌」を「雪」にたとえている表現」といった説明もよく聞かれる。もちろん間違ってはいないが、こういう説明が一般的だから、「つまんない比喩だな」と思ったかもしれない。

　事実、いまの例では似ていることがはじめからわかっているものを「ような」でつなげただけだから、つまらないに決まっている。佐藤信夫というレトリックの研究家が言っていることだが、直喩はむしろ「ような」で矛盾した意味の言葉をつなげると、わけがわからなくなる分、解釈が必要になって、表現としてはぐっと面白くなるのだ（『レトリック感覚』講談社、一九七八年）。

「黒のような白」なんて言ってみただけで、まるで詩のタイトルみたいな気がしては来ないだろうか。実際こういう変な直喩の意味するところを言葉で説明的に表現するだけで、一編の詩が出来そうだ。いまのは正反対の言葉をつなげた例だが、「風のような海」とか「林のような海」とか「言葉のような海」とか、これまたわけのわからない言葉の組み合わせも、面白い。こういうふうに使えば、直喩も凡庸な比喩ではなくなって、かなり攻撃的な表現になる。もっとも、似ていないものを「ような」でつなげて、果たして直喩と呼べるのかどうかは疑問だけれども。

『鼠』の子供たちは「鼠のように遊んだ」。繰り返すが、これは直喩である。しかし、子供たちが「鼠のよう」では物語は始まらないのだ。「子供たちは鼠である」ことが、物語を動かす。そう思って読むと「彼らはくすくすと音を立てずに笑った」(十四〜十五行目)という表現が目につく。なぜ「声を立てずに」ではないのだろうか。この時、子供たちはすでに鼠だったのではないだろうか。

†メタファーを生きる

朝日新聞に「あのね——子どものつぶやき」という、ごく小さい子供のユーモラスな言葉を投稿するコーナーがあるのだが、次のような「つぶやき」はよく見かけるものだ。

おばあちゃんの家でのこと。犬からドッグフードをとりあげて食べてしまうので母に「犬になった」と脅かされると、泣きながら「りょうすけにもどりたいです」。（愛知県尾張旭市　名畑亮佑・3歳）（二〇〇二・八・一六）

子供は「犬のように」はならない。すぐさま「犬になる」のだ。子供は直喩的世界を通り越して、すぐさまメタファー的世界を生きてしまうものなのである。『鼠』のレトリックはそういう子供の性質をよく捉えている。僕たちは、『鼠』に使われた直喩から、むしろメタファーを読まなければならないのである。「彼らは鼠のように遊んだ」という表現は、ほんとうは「彼らは鼠だ」と言いたいのだ。

では、暗喩とか隠喩とか呼ばれることもあるメタファーとはどういうものだろうか。「彼女はバラだ」と言えば、「彼女」が人間であるかぎり、メタファーだ。ただし、「彼女はバラだ」という表現の意味するところはずいぶん多義的（複数の意味を持つこと）になる。なぜなら、この表現に僕たちが「バラ」について抱いているイメージがすべて意味として込められていることになるからだ。「彼女はバラだ」という表現の意味は、「彼女は美しい」かもしれないし、「彼女はセクシーだ」かもしれないし、「彼女は派手だ」かもしれないし、「彼女は高慢だ」かもしれないし、「彼女には棘がある」かもしれないのだ。

これだけ曖昧では、日常的なコミュニケーションの手段としては不経済だろう。日常的には、意味は一つに決められていた方が言いたいことがすぐに伝わるのだから。しかし、読者の理解を出来るだけ遅らせて、解釈による風化から自分を守ろうとする小説にとっては、意味を多義的で曖昧に出来るメタファーは生命線の一つだ。それに、メタファーはレトリックとしてはいい加減な分、応用範囲が広い。

†百合は女だろうか

次に引用するのは、夏目漱石の、四百字詰め原稿用紙にして数枚ほどのごく短い小説(かつては「小品」というジャンルとして分類されていた)である『夢十夜』の「第一夜」の末尾である。ストーリーは〈女が、必ず会いに来るから、私が死んだら埋めて、星のかけらを墓標にして百年待ってほしいと言う。沈んでいく太陽をいくつもいくつも勘定し続けた自分がだまされたのではないかと思ったその時、目の前で百合の花が咲いて、百年が来たのだと気が付いた〉というものだ。引用するのは最後の百合が咲く場面で、こういう表現もメタファーとして理解することが出来る。いや、そう理解しなければ面白くない。

すると石の下から斜《はす》に自分の方へ向いて青い茎が伸びてきた。見る間に長くなってちょうど自分の胸のあたりまで来て留まった。と思うと、すらりと揺《ゆら》ぐ茎の頂に、こころもち首を傾《かたぶ》けていた長い一輪の蕾《つぼみ》が、ふっくらと弁《はなびら》を開いた。真白《まっしろ》な百合が鼻の先で骨に徹《こた》えるほど匂った。そこへはるか上の方から、ぽたりと露が落ちたので、草は自分の重みでふらふらと動いた。自分は首を前へ出して冷たい露の滴《したた》る、白い花弁《はなびら》に接吻《せっぷん》した。自分が百合から顔を離す拍子に思わず、遠い空を見たら、暁の星がたった一つ瞬《またた》いていた。

「百年はもう来ていたんだな」とこの時はじめて気が付いた。

（角川文庫より）

ここはおそらくすでに百本以上書かれている『夢十夜』論でも解釈の定まらないところで、そもそもこの男が女に会えたのかそれとも会えなかったのかさえ意見が真っ二つに分かれているところなのだ。なぜ男が女に会えたかどうかが問題となるのかというと、会えたのなら「永遠の愛」がテーマになるし、会えなかったのなら「愛の不可能性」がテーマになるという具合に、「第一夜」全体のテーマに関わるからだ。

その議論の中で、レトリックの上で問題となるのが傍線部なのである。「すらりと」「首を傾けて」「ふっくらと」といった表現の連なりがいかにもこの百合を男が待っている女であるかのように見せるのだ。こういう場合、「この百合は女になぞらえられている」というほどの意味で、「百合は女のメタファーだ」という言い方をする。しかし、本当に言いたいのは、「百合は女だ」

ということである。つまり、文学上のメタファーとは究極には「似ている」ではなくて、「ズバリそのものだ」と言いたいのだ。この前提があって、はじめて「会えた／会えない」論争が意味を持つのである。

話はメタファーから少し離れるが、ここで思い出してほしいのは、小説は「書いてない」ことを読む芸術だということだ。この一節には「愛」などという言葉は一切「書いてない」。しかし、僕たちは「第一夜」から、成就したにせよしないにせよ、いずれにしても「愛」に関わるテーマを読み込もうとするのだ。すなわち、テーマ論争とは、小説を「男と女の永遠の愛が成就する物語」とか「男が愛の不可能性を知らされる物語」とかいった具合に、小説から物語を取り出して行われるものだということだ。これは序章ですでに述べたことである。

†字義通りに読むこと

ところが、こういうテーマ論争のあり方に根本的な異議申し立てをする人が現れた。「第一夜」を「字義通り」に読めと言うのだ（松元季久代『『夢十夜』第一夜――字義的意味の蘇生――』『日本文学』一九八七・八）。松元によれば、最後の場面は「女の蘇りであるかのような百合の出現」（傍点松元）でさえないのであって、「百合が逢いに来た。女は来ない」（同前）と理解しなければならないと言うのだ。たしかに、最後の一節からメタファーをすっかり取り去って、書いてある通りに読んだら、こういう解釈（あるいは「解釈停止」？）になるだろう。松元はさらに一歩、歩を進めて、最後の一節からは「フェティッシュなまでに生々しい甘美な交感」（フェティッシュとはモノを性愛の対象とすること）を読み取るべきだが、それは女さえ不在の「荒涼たる大地」でもあるとも言っている。

僕はこの論文をはじめて読んだとき、大変な衝撃を受けた。それまでの『夢十夜』論をすべてご破算にしてしまうものだったし、それどころか僕たちが普通に行っている小説の読み方さえすべて否定しかねない議論だったからである。だから、僕が編集した漱石論のアンソロジーにも再録させてもらった（『夏目漱石・反転するテクスト』有精堂、一九九〇年）。でも、いまは松元の論文の意義は認めつつも、僕には真似出来ないことだと思っている。

言葉は「字義的意味」で読め——松元の主張はメタファーによって小説を読む読み方への強烈な異議申し立てだ。しかし、こういうことは言っておかなければならない。それは、松元の指摘が意味を持つのは一つの小説について一回だけであって、同じことを二回言っても意味がないということだ。なぜなら、小説を「字義的意味」で読むことは、ほとんど解釈をするなと言うことと同じだからである。繰り返すが、小説を読むことはいくぶんかでもメタファーに触れることだ。メタファーの不安定さの分だけ、多様な解釈が生まれると言ってもいいくらいだ。解釈を停止せよと言っているに等しい松元の論文は、どれほどインパクトがあったとしても、研究者自身にとっても生涯に一度だけしか許されない「芸」だったのだと思う。事実、こういうことを主張する研究者はその後でてきてはいない。

†記号としての母

『鼠』は時代背景がずいぶん昔になっている。それがわかるのは、たとえば「カバンと草履」（八行目）という一節である。「カバン」はともかく、子供が「草履」で学校へ通っていた時代だ。「巻き煙草」（十行目）も時代の刻印を帯びている。いまではごく普通の紙で巻いた煙草をわざわざ「巻き煙草」というのは、この頃はキセルで煙草を吸うのが普通だったからだろう。それがいつかは正確にはわからなくてもいい。ただ、こういうところから「かなり昔だな」とだいたいのところがわかればいい。

さて、いったいこの小説はどういう風に読めばいいのか。つまり、どういう物語を取り出せばいいのか。僕たちは松元季久代ではないから、思いっきりメタファーを使っていいわけだ。

これは、誰がなんと言おうと（つまり、誰がどんなにそれは反動的だと言おうと、フェミニストから批判を浴びようと）、ここはフロイト的な読み方から遠く離れることは出来そうにない。フロイトは「息子は母親と性的な関係を求めるものだ」という風に親子関係を理解している。「石膏のヴィナス」は夢と現《うつつ》の間であたかも「母」に変容するのだから、「男の子が母親と結ばれる物語」

と読むしかない。つまり、近親相姦（母子相姦）の物語で、いかにも不道徳だけれども、それをドロドロではなくきれいに見せているのは、これが夢うつつの出来事だからばかりではない。この不自然なまでに美しい母親像にも理由が求められる。実は、これは近代文学ではわりとお得意のテーマなのだ。

この時期、こういう現実には存在しないような「美しく優しい母親」が繰り返し小説に書かれたが、それはほとんど実体を持たない不在の母と言ってもいいようなものだった。現実の母ではなく、こうあってほしい理想の母だ。あたかも多くの小説家が「母」という言葉にモチーフ（小説を書く動機）を求めたようなものだったという意味で、これを「記号としての母」と呼んでおきたい。こういう風に、そのものではなく、むしろそのもののイメージの方に関心を持つことがある。これを「記号としての〜」という言い方で表現することがあるから、覚えておくといい（もっとも、最近はあまりはやらない言い方だけれども）。

このセンター試験の設問でも問5が明らかに「男の子が母親と結ばれる物語」を踏まえている。問5では、この物語文がわかっていれば、ほとんど何も考えずに「正解」が得られる。ただし、そのほかの設問は何だかへんてこりんで、この小説の物語性をほとんど聞いていない。なぜそうなったかと言えば理由は簡単で、リアリズム小説ではなくいわば幻想小説を出題したからだ。それで、設問ではほとんど「気持ち」さえ問わず、この小説が現実から離れていかにも幻想的に見せかけるために、意図的に入り組んで書いているところばかりを問うことになったのである。こういう小説も小説のうちだということを知らせるためにはよかったかもしれないが、事実関係の「整理」や「場面の説明」が設問になるようでは(問3と問4)、小説の入試問題として成功したとはとうてい言えない。

†言葉は使われて意味を持つ

設問を解こう。

問1。センター試験お得意の設問だが、こういう設問に出会うと頭が混乱する。「本文中でどのような意味に使われているか」と問うわけで、もちろん「辞書的な意味を聞いているのではない」という含みなのだが、そういう意味でなら(ア)の「よい嗅覚」以外は辞書的な意味しか聞いていないのはどうしたことか。

もっと原理的なことを言えば、「本文中でどのような意味に使われているか」と言うからには、「使われない言葉」に意味があるとでも思っているのだろうか。言葉は使われてはじめて意味を持つものだ。使われる以前に意味を持つ言葉はない。正確に言うと、使われ方が意味なのだ。だから、小説中の言葉は必ず辞書的な意味ではなく微妙なニュアンスを持つ。これは序章で説明した通りだ。「それでは辞書は成り立たないではないか」と問われれば、「辞書ほど反=小説的なものはない」とでも答えておこう。いや、もともと辞書は〈回っている独楽の動きを調べるために独楽を止めて研究している〉（漱石の『それから』に出てくるたとえ）ような不可能に挑戦した作業の結果なのである。

(ア)子供たちは「鼠」や「土竜」になったのだった。⑤は決して間違いではないが、この小説のメタファー的世界を読めていれば、迷うことなく②を選べる。しかし、繰り返すが⑤は間違いではないのだ。出題者は「嗅覚」と表現するからには、子供たちは鼠や土竜になったのだ」と読んで、この設問を作っている。つまり、この設問は言葉の意味を聞いているのではない。使われ方を聞いているのだ。すなわち、「嗅覚」という言葉を動物のメタファーとして読めるかどうかだけを聞いているのだ。「本文中でどのような意味に使われているか」という指示は、そういう風に理解するしかない。そこで⑤が排除されるのだ。〈センター試験の設問はある種の思い込みで作られている〉という意味のことを「はじめに」で述べたのは、こういうところを指している。

ところで、キリスト教文化圏では鼠は「破壊」をイメージさせ、土竜は「魔術」をイメージさせるという（アド・ド・フリース『イメージシンボル事典』大修館書店、一九八四年）。鼠になった子供たちが「石膏のヴィナス」を壊し、土竜になった子供たちが幻想を浮かび上がらせるとなると、話がうまく出来すぎだろうか。また、「石膏のヴィナス」を壊すことは「母」の「死」と対応し、幻想を浮かび上がらせることは「母」の「復活」と対応していると読むなら、いかにもキリスト教的世界でもある。堀辰雄は西洋の文化にも詳しかったから、あり得ることかもしれない。とは言うものの、僕の研究上の立場からすれば、堀辰雄がキリスト教文化圏に詳しかろうと詳しくなかろうと、読者がそう読んで整合的な説明が出来れば、それで「勝ち」ということになる。「作者より読者の方が頭がいい」とは、こういうことだ。

(イ)も(ウ)もほとんど辞書的な意味しか聞いていない。これでは、「本文中でどのような意味に使われているか」という指示がかえってアダとなりそうだ。(イ)が⑤で、(ウ)が③。

†入試国語の仁義

問2。ほとんど苦肉の策のように思える設問だ。出題者は「韻《ライム》」などという詩に関する専門用語の知識（「韻《ライム》」という言葉自体の意味と、それが詩にとってどういう意味を持つかということ）を受験生に求めているのだろうか。そうではないはずで、だからこそ注が付いているわけだが、受験国語は注を付けなければならないようなところに設問を作っていいものだろうか。受験国語にも、本文の最初の一行目から空欄を作ったり傍線を引いたりしないとか、抜き出し問題の答えになっているところに設問を設定して傍線を引いたりしないとか、最低限の仁義というものがあるだろう。僕自身も完全にそれが守れたわけではないけれども、そういうことを平気でする同僚とは長年闘ってきた。最近、受験国語全体でもこういう仁義が失われつつあるように思う。僕なら注を設問に使うような非常識なことだけは絶対にしない。そういうわけで、ここははっきり言って良識を疑わざるを得ない。

繰り返すが、出題者は「韻《ライム》」という言葉の知識を受験生には求めていない。だとすると、「韻《ライム》」が詩にとってどういう意味を持つのかという専門的な領域について説明を試みた選択肢の前半部分は、一切無視してかまわないことになる。試験場で、そう判断してしまって一向にかまわない。そこで、各選択肢の後半部だけを読んでみる。

実は、ここは子供の頃から「勉強小僧」だった受験生には難しいかもしれない。一方、子供同士の遊びをたっぷり楽しんだ経験のある受験生なら、すぐに答えられる設問だ。この手の読解力よりも豊かな体験を試すような設問は、中学や高校の入試国語には時々出るのだが、大学受験国語では珍しい。傍線部の「そういう規則」とは「大声」を出したり音を立てたりしないことだ。禁止事項を定めたルールがゲームを楽しくさせるように、遊びにはなにか禁止事項がある方が楽しいものだ。子供仲間では、その禁止事項を決められるものがリーダーの資格を持つ。これが、遊びの鉄則だ。

そういう目で選択肢を読むと、「遊びの約束ごとを他人に知られないようにする」という間違いを含んでいる（「遊びを他人に知られないようにする」ならまだ考える余地はある）②以外は、すべて間違ってはいないことがわかる。あとは、どれが最もふさわしいかという判断だ。特に⑤が具体的でまったくその通りなのだが、「禁じる」ことがなぜ「遊びをより面白くする」のかという肝心の点に十分答えていない。ここは、その理由をきちんと「緊張」という一語で説明した④を選びたいところだ。説明の深さにおいて、④の方が⑤よりすぐれているわけだ。

もっとも、「韻《ライム》」について正確な知識があれば、選択肢の前半部だけ見ても「正解」は得られる。注には「西洋詩の技法の一つ」とあるが、もちろん「韻《ライム》」（つまり脚韻で、行の終わりに同じ音の言葉を置くこと）は日本にもある。僕の好きな井上陽水の初期のヒット曲『闇夜の国から』のB面に収められた曲に『いつもと違った春』がある。その曲に、みごとに脚韻を踏んだ一節があるのだ。こんな具合に。「女は化粧／きらめく衣装／窓辺にうつる微笑」と。脚韻は言葉を音楽に変える。〈すべての芸術は音楽に憧れる〉とは、フランスの批評家アランの言葉だ（『芸術論』）。

①は「詩が詩であるために必要な韻の法則」が間違い。韻がなくても詩は詩だ。②は「巧みに秘められた」が間違い。韻は音楽なのだから、むしろ目立たなければいけない。③は「日常の言葉遣いとはかけ離れている韻の法則」が間違い。必ずしも「かけ離れている」とは限らない。⑤は「静かな音楽性」が間違い。繰り返すが、韻は「静か」ではない。というわけで、前半部だけでも④と決まるのだ。専門の知識で「正解」が出せるとすれば、やはり仁義をはずしている。

†入試国語の志

問3。前にも言ったが、こういう事実関係の「整理」に関する設問は入試国語として志が低い。だが、これが意外に面倒なのだ。

「正解」の出し方を確認しておくと、選択肢ははじまり方がイかエしかない。出題者はここがポイントだと考えたのだろう。どの過去問問題集もいとも簡単にイがトップだと決めつけるが、これはどちらか決められないのだ。というのは、「石膏のヴィナス」を持ち込んだ少年とお化けの話を作った少年とが同一ならエがはじめだし、違うのならイがはじめなのに、それが決められないからである。したがって、実はイとエのどちらがはじめかは決め手にはならない。

そこで、本文の五十八行目からの段落にある記述、すなわちお化けの話がこの少年がほかの少年を物置小屋から遠ざけるために作った話だったという記述を踏まえて、エがなるべくトップに近いものを残す。②、④、⑤、⑥である。ところが、いま踏まえたことから考えて、ウが最後に来るはずはないから、④と⑥が消える。残るは②と⑤だ。②にはとくに問題はなさそうだ。しかし、⑤はウ→イという流れがおかしい。そこで、②が「正解」として残るのである。

この設問では、出題者はトップがイかエかを簡単には決められないと踏んだのだろうが、受験生は過去問問題集の執筆者と同じように、たぶんすぐにイをトップと判断したと思う。その意味では、設問として空振りだったのではないだろうか。

†読解力とはなにか

国語ではよく「読解力」という言葉を使う。しかし、この言葉は現実に合わせてきちんと定義されているだろうか。同じ「読解力」という言葉でも、教室と試験場では異なるし、記述式の設問と記号式の設問とでも異なる。

教室では「教師の気に入ったことを答えることの出来る能力」を「読解力」と呼ぶべきだ。この定義ではシニカルにすぎると思う人は現実をキッチリと見つめてほしい。普遍的な「読解力」など存在しない。この教室とあの教室とでは「読解力」の質に差があるのが現実ではないのか。少なくとも、僕の経験ではそうだ。これには生徒としての経験も、教師としての経験も含まれる。記述式の設問では「出題者と説明の枠組を共有できる能力」と定義すべきで、記号式の設問では「本文と選択肢の対応関係を見抜く能力」と定義すればいい。センター試験ではもちろん最後のパターンを「読解力」と呼ぶ。

問4。「間違い探し」、つまり消去法である。消去法とは、本文と選択肢との対応関係を点検する方法だということになる。チマチマして創造性のカケラもない、実につまらない方法である。①は「夢のなかにあらわれていた」が間違い。本文は「現実が（あるいは夢が）」という状態で、

「夢のなか」と決めつけたのが間違いになる。②は「母が死んだときの悲しみがこみ上げ」が、本文にはない余計なこと。③と④は後半が、少年が顔の付いた石膏像を組み立てたように書いてある点で間違い。少年の組み立てた石膏像は、あくまで「ヴィナスの首だけが欠けていた」(七十五〜七十六行目)のだから。「正解」は⑤だ。

問5。例の物語文「男の子が母親と結ばれる物語」が出来ていれば、一発で答えられる設問。「正解」は「官能」という言葉を書き込んだ③だ。これは、少年が母子相姦の夢を見た小説なのだから。「間違い探し」をやるなら、①と②は母とのキスが「恐怖」と結びつけられた記述が間違い。④は「恐怖感は消えさり」が間違い。「恐怖感」は残っている。⑤は末尾の「超自然の力に驚き感動した」が間違い。「感動した」ポイントがずれている。

問6。「表現の特徴」を一つに決めてしまわないで、広く理解しようとする心意気には共感するが、一般に「適当でないもの」を選ぶ設問は難易度が下がる。

受験技術としては、「当事者から少し離れた立場にたって描かれている」とする③と、「彼の心の動きに即して、内省的に描かれている」とする④が対照的になっていることに注意したい。出題者は、「正解」を作ったあとに、それに似せたダミーをもう一つ作ってしまいがちなのだ。ここもそのパターンで、「正解」はこのどちらかだ(**法則⑤**)。はじめに指摘したように、全編「ようだった」という表現が目に付く。語り手が断言することを避け、登場人物から距離を置いているのだ。語り手もどこか不思議そうな感じで語っているのである。それは、この中で起きていることが超現実的なことだからだ。また、少年の「気持ち」がほとんど書かれていないことにも気づく。というわけで、「正解」は、というか「適当でないもの」は④だ。

少し念入りに書き込みすぎたようだが、ここまでで、センター試験の解き方の基本は説明できたと思う。あと二題はスッキリと解決しよう。

第三章
物語文、あるいは消去法との闘争

はじめは、津島佑子『水辺』、二〇〇一年度の問題だ。『水辺』は、幻想的というほどではないものの、どこか現実と夢想とが交錯するような書き方がなされている。堀辰雄『鼠』といい、センター試験はこういう感じが好みなのだろうか。たぶん、単純なリアリズム小説ではない小説を出題したいという小さな心意気というか、野心があるのだと思う。『鼠』同様、受験小説は「気持ち」を聞くものという固定観念を持っている受験生は面食らったかもしれないが、まぁ、それはそれでいいことだ。

【過去問③】女は水のように自立する

次の文章は、津島佑子の小説「水辺」の末尾である。「私」は夫と別居し、娘との二人暮らしの日々がしばらく続いた。二人の住まいは四階建ての一番上の部屋で、その部屋の中を通らないと屋上に出られない構造になっている。ある夜、「私」は壁の向こうに水の音が聞こえるように思ったが、そのまま寝入ってしまった。翌朝、階下の人から水漏れがするという苦情が持ち込まれる。本文はそれに続く部分である。これを読んで、後の問い（**問1〜6**）に答えよ。

――すみません、そこは遠慮して下さいませんか。それより、屋上を見てみましょう。けさ、屋上は調べなかったんです。

私はあわてて、二人の男を部屋のなかの階段に導いた。敷き放しの乱れた蒲団《ふとん》など見られたら、と思うだけで、体がこわばった。

風呂《ふろ》場は異常なかった。屋上に出るドアを開け、私が真先《まつさき》に外に出た。眼《め》に異様なものが映った。私は、思わず、(ア)声を洩《も》らした。乾ききっているはずの屋上に、水がきらきら光りながら波立っていた。透明な水が豊かに拡《ひろ》がっていた。

――ウミ！　ママ、ウミだよ。わあ、すごいなあ！　おおきいなあ！

娘は裸足《はだし》のまま、水のなかに跳びこんで行った。一人で笑い声を響かせながら、水を蹴《け》散らし、両手で水をすくいあげたり、顔に水をつけてみたりしはじめた。娘の足だと、水はくるぶしまで呑《の》みこんでしまっていた。

私と二人の男は水の流れを辿《たど》りながら、給水塔の前に行った。水が、そこから、勢いよく溢《あふ》れ出ていた。見とれてしまうほどの、水量だった。

――ここから、あっちの方へ流れて、排水口で間に合わない分が、下に洩れていたんですな。どこかに、小さな罅《ひび》でも出来ているんでしょう。それにしても……これは大した眺めだ。

三階の男も、(イ)気を呑まれてしまったのか、すっかり穏やかな表情に戻っていた。

――まったく、これじゃ、あの程度で下が助かったのを、ありがたく思わなければなりませんなあ。

――ほら、お子さんをすっかり喜ばせてしまった。

――うちの孫も、水が大好きですよ。

二人の男は眼を細めて、水と戯れている娘の姿に見入った。

――しかし、あなた、真下にいて、音ぐらいは聞こえていたでしょうに。

不動産屋に言われ、私ははじめて、ゆうべの水の音を思い出した。あの柔かな、遠い音。Aこの現実の身にもう一度、蘇《よみが》える音だったのか、と私は不意を襲われたような心地がして、肌寒くなった。

――そういえば、聞こえていたんですけど……起きてみたら、空が晴れあがっていたものですから……そのまま、なんとなく……。

――なんだ、その時にちゃんと調べていてくれれば、修理もすぐにしてもらえたのに。

三階の男が言った。私はしどろもどろに頭を下げて、あやまった。

翌朝早く、給水塔は修理させるから、ということで、二人の男は引き払って行った。

その夜、私も裸足になって、娘とたっぷり屋上の〝海〟を楽しんだ。なにも危険はないはずなのに、水の拡がりに身を置くことには不安がつきまとい、その不安が心を弾ませた。水を掛け合ったり、鬼ごっこをしているうちに、私も娘もびしょ濡《ぬ》れになってしまった。濡れると、さすがに、寒さを感じた。日中、いくら暖かくなったとは言え、まだ五月のはじめだった。

部屋に戻ると、それまでずっと鳴り続けていたのだろうか、電話がちょうど鳴り終わったところだった。藤野の顔が思い浮かんだ。その顔に重なり、藤野と暮らせるようになった時の自分の喜び、そして、大喜びで婚姻の届けを区役所に出しに行った自分、藤野との子どもをためらいなく産んだ自分に、私はこれからもずっと責任を取らなければならないのでしょうか、と小林(注1)に問いかける自分の声が聞こえた。小林は頷《うなず》いているように思えた。ⓐ同時に、数えきれないほどの人影がまわりに現れ、さかんに頷きはじめた。

娘の父親であり、私の夫である男だが、私はすでに一ヵ月以上、その男の知らない、知らせようもない、とりたてて大きな事件は起こらなかったが、その平穏なことに、かえって、これからの日々への怖《おそ》れを膨らませずにいられないような生活を続けてきてしまっている。安定を保てるはずがないのに、一向に倒れず、それどころか、そのまま根を張り、新しい芽さえ覗《のぞ》かせようとする、歪《ゆが》んだ、こわれやすい、透明なひとつのかたまりを眼の前にしているような心地だった。それが見えるのは、私の二つの眼だけなのだ。藤野と再び、夫婦として、なにげなく顔を合わせるには、B私はあまりにも、この新しく自分に手渡された不安定なかたまりに愛着を持ちはじめていた。夫として私に立ち向かう藤野の口調は、私に、最早、異和感(注2)しか与えなかった。その遠い、意味もよく分からなくなってしまった声に、それでも私は、藤野の方から切り捨ててくれない限り、耳を傾け続けなければならないのだろうか。

別居を決めたのは藤野の方だったのに、それでも私は藤野を忘れてはいけないのですか。私はもう一度、まわりの人影を眺めた。ⓑそれぞれ私が知っている人に似ているような人影は、一様に深々と頷いた。

その夜も、水の音は私の耳もとに響いていた。私は柔かく湿った感触に包まれて眠った。

翌朝、呆気《あっけ》なく、給水塔の修理は終わってしまった。屋上はみるみるうちに、透明な水を失っていった。C娘が私の代わりに、修理工を詰《なじ》ってくれた。

――おみずを、とめちゃだめ。けちんぼ！　だいきらい！

二日後の日曜日には、一日がかりで、屋上が補修された。夕方、作業が終わったというので、屋上を覗きに行った。完全に乾くまで、立ち入らないように、と注意されていたので、その注意を娘に何度も言い聞かせながら、屋上への階段を登った。

ドアを開けて、先に屋上を見た娘が、〝海〟を見つけたときよりも更に高い金切り声を上げて、騒ぎはじめた。

なにごとよ、と呟《つぶや》きながら、私も屋上を覗いた。そして、(ウ)自分の眼を疑った。鮮やかな銀色に一面、照り輝いていた。眩《まぶ》ゆさに、眼の奥が痛んだ。錆のいった部分を埋める程度の補修かと思っていたのに、防水用のペンキを屋上の隅から隅までたっぷり塗っていったのだった。春ですらこの眩ゆさでは、夏になれば、覗き見ることもできなくなってしまうのに違いない。この街なかで、眼を焼いてしまう、雪原を歩く人のように、海を漂う人のように。

銀色の海。

私は笑いださずにはいられなかった。これもまた、素晴らしい眺めではないか。しかも、今度は誰《だれ》にもこの海を持ち去ることはできない。

きれいだねえ、おほしさまみたいだねえ、と娘は銀色の屋上に見とれていた。藤野から電話が掛かってきたのは、その次の日の夜だった。私には、ますます藤野の気持ちをこじらせるような応対しかできなかった。藤野の声を聞くたびにどうして足が震えるのか、分からなかった。

同じ夜、私は自分が銀色の星の形をした器のなかに坐《すわ》っている夢を見た。器は少しずつ回転を速め、気がつくと遠心力で、私の体は平たくなり、壁に貼《は》り付いていた。許して下さい、と叫ぶと、中学生の頃《ころ》の同級生が私の星を見上げて言った。

〈あなたは、どうして、そう、だめなの〉

同級生と言っても、親しく口をきいたこともない、ずば抜けた成績の持ち主だった。いつも級長に選ばれていたのはともかく、容姿も整っていたので、男友だちも多かった。それにしても、あの人を今頃、夢に見るとはそのこと自体、馬鹿《ばか》げている、と思いながら、そんなことを言われたって、だめなものはだめなんだもの、と涙を流しながら弁解をしていた。それに、これでも見捨てずにいてくれる人だっているわ。本当よ。きっと、いるわ。

©悲しげに首を横に振り、立ち去って行った同級生は、昔のままの美しい少女だった。

（注）1　小林——「私」の勤務先の上司。結婚のいきさつを知っている。

2　異和感——違和感のこと。作者の表記に従っている。

問1 傍線部(ア)〜(ウ)の表現の本文中における意味内容として最も適当なものを、次の各群の①〜⑤のうちから、それぞれ一つずつ選べ。

(ア) 声を洩らした
① ひとりごとを言った
② こっそりとつぶやいた
③ 悲鳴を上げた
④ 感情的に言った
⑤ 小さく叫んだ

(イ) 気を呑まれて
① 圧倒されて
② 驚きあきれて
③ 無我夢中で
④ 引き込まれて
⑤ 不審に思って

(ウ) 自分の眼を疑った
① 不思議に思った
② 信じられなかった
③ 不安を感じた
④ 見とれた
⑤ 意外に思った

問2 傍線部A「この現実の身にもう一度、蘇える音だったのか、と私は不意を襲われたような心地がして、肌寒くなった」とあるが、なぜ「私」は、「肌寒くなった」のか。その理由として最も適当なものを、次の①〜⑤のうちから一つ選べ。

① 水の音がするのに放置していたことで、場合によると大きな事故になりかねないと不安になったから。

② 水漏れに対する判断を間違ったことから、自分の責任が問われるのではないかと気がかりになったから。

③ 現実と非現実を混同してしまうような自分は、精神的に不安定ではないのかと心配になったから。

④ 夢うつつで安らぎを感じていたものが、実際には危機をもたらす可能性があったのだと恐ろしくなったから。

⑤ 世の中ではいつ何がおこるかわからないという体験をして、人間の生活の不気味さを知ったから。

問3 傍線部B「私はあまりにも、この新しく自分に手渡された不安定なかたまりに愛着を持ちはじめていた」とあるが、なぜ、「手渡された」・「かたまり」という表現が用いられているのか。その理由として最も適当なものを、次の①〜⑤のうちから一つ選べ。

① 自分から望んだ状況ではないものの、「私」が娘を育てる責任を受け止めようと決意していることを表すため。

② 別居という事態が自分の意思とは関係なく機械的に進行したことに、「私」がこだわってい

ることを表すため。

③　娘との二人暮らしという意にそわない生活を余儀なくされて、「私」がとまどっていることを表すため。

④　夫との別居によってもたらされた状況が、「私」に重くのしかかってくることを表すため。

⑤　先が見えない二人だけの生活を強いられたが、「私」がそこに何らかの充実感も覚えていることを表すため。

問4　傍線C「娘が私の代わりに、修理工を詰ってくれた」とあるが、この表現からうかがわれる「私」の心情はどのようなものか。その説明として最も適当なものを、次の①〜⑤のうちから一つ選べ。

①　二人だけの生活に慣れはじめて、娘が自分の気持ちを察してくれるようになった。水が与えてくれる安息を大切にしたいという自分の思いを代弁してくれたことに対して、うれしく思っている。

②　大人である自分は子供のために「海」を残したいと思っているが、口に出して言えない。しかし、無邪気な子供は好きなことが言えるものだなと痛快に思っている。

③　娘との生活は不安の中に心を弾ませるものがあった。屋上での水遊びはその象徴のようであり、娘がそれを直感的に受け止め自分の気持ちをうまく言ってくれたと思っている。

④　娘との二人きりの生活を守っていきたいのだが、周りからの干渉を防ぎきれずにいる。水漏れの件もその一例なのだが、娘がそれに一人で立ち向かってくれたので、いじらしく思ってい

る。

⑤　遠慮を知らない娘の乱暴な言葉づかいに困惑した。しかし、その乱暴さがかえって、自分の水への愛着の率直な表明になっていることに気づき、うれしく思っている。

問5　波線部ⓐ〜ⓒにおける「私」の想像や夢の中に現れる「人影」や「同級生」の様子を、「私」はどのように受け止めていると考えられるか。最も適当なものを、次の①〜⑤のうちから一つ選べ。

①　周囲の人々は私の苦境を理解してくれていて、それが心のささえになっている。同級生の言動は、他人に頼りがちな私のあり方が肯定できるものではないことを客観的な態度で教えてくれている。

②　周囲の人々は藤野への慎重な応対を促すが、素直には従いがたい。同級生の言動には、当面の問題から逃避しがちで事態を打開できない私の態度に落胆し、昔と変わらないと非難する気持ちが現れている。

③　周囲の人々は愛情に責任を持てといい、また藤野の気持ちも考えろという。私はそれに従うべきかどうかと悩んでいるが、同級生の言動は、不安定なままで決断できない私を愚かだと決めつけている。

④　周囲の人々は結婚生活に傷ついた私に今後のことを心配して忠告してくれる。同級生は親しくなかったが、他人に甘えるような私の態度では事態は解決しないと親身になって叱《しか》ってくれている。

⑤ 周囲の人々は藤野のいうことを聞くようにと迫ってくるが、私はどうしても恐ろしさが先に立ってうまく応対ができない。同級生はそんな私の意志の弱さをひややかに批判している。

問6 この文章における「水」についての説明として**適当でないもの**を、次の①〜⑦のうちから二つ選べ。ただし、解答の順序は問わない。

① 水は「私」を危険に陥れることがあると同時に、無邪気にさせたり心を弾ませたりもする二面性を持っている。

② 水は「私」に現実的な不安と心の安らぎとを与えており、それは「私」の心の振幅の大きさを示している。

③ 水はひとときのあいだだけ「海」を出現させることによって、「私」に現実のはかなさを思い起こさせる。

④ 水が豊かに拡がる様は、日々の生活で気が晴れない思いをすることもある「私」の心を明るく解放する。

⑤ 水の透明性は心を洗うような働きをするとともに、「私」の不安定な現状を暗示している。

⑥ 水の印象が「私」の心に鮮やかに残り、ペンキが塗られた屋上まで「海」と感じさせるようになっている。

⑦ 罅にしみ込む水の存在は、藤野夫婦のあいだに心の亀裂が生じていたことを比喩《ひゆ》的に表現している。

†学校空間の二重基準

ここに切り取られた『水辺』から物語を取り出すなら、「女が自立する物語」以外にはあり得ないだろう。設問も、それを前提に作られている。現代の日本では、女が自立するのにはほとんど現実離れした苦悩が伴う、その感じをうまく書き込んだ小説だと言える。

一方、主人公が離婚したり級友から批判されたりするのに、なぜ「女が堕落する物語」ではないのかと問われれば、ここは学校空間だから前向きの物語でないと認められないのだとか、作者が女性だから健全な物語でないと許されないのだとか答えるしかなさそうだ。『鼠』の方は不道徳だと言いながら「男の子が母親と結ばれる物語」というインセスト（近親相姦）を読み込んだのだから（設問もそのコンセプトで作られていた）、おかしいではないかと重ねて問われるかもしれない。もしそう問われれば、こういうところに学校空間の二重基準、つまり男は「堕落」してもいいが女は「健全」でないと許されないという二重基準があるのかもしれないと答えるしかない。

男性作家の小説はインセストといういかにも不道徳で後ろ向きの「物語」でもOKだったけれども、女性作家の小説は健全な前向きの「物語」でないと許されない（少なくとも『水辺』は「健全」ではないけれども、「物語」としては「健全」を装う必要がある）……。たとえば、センター試験では女性作家の父子相姦幻想を書いた小説は、まず絶対に問題文として採用されないはずだ。もしセンター試験の精神分析が出来るなら、こういう結論になるだろう。

それにしても、『水辺』は強烈に「女」を感じさせる小説だ。そもそも「敷き放しの蒲団など見られたら」（三行目）という表現には「性」の臭いがするし、わざわざ「娘の父親であり、私の夫である男」（三十九行目）と確認するやり方も、「藤野」から「父」や「夫」という社会的な役割を剝ぎ取って「男」を炙り出すようで、凄みがある。こういう「「女」である私」と「「母」である私」との葛藤こそが問うに値するこの小説の面白さだと思うのだが、さすがに危なくて、設問ではそこは手つかずだ。これも、学校空間のなせる技だろうか。

†メタファーは問えたのか

さっそく設問を解こう。

問1。例の言葉の意味に関する設問だが、これもほとんど辞書的な意味しか聞いていない。「本文中における意味内容」という設問の指定にかえって惑わされないように。(ア)は⑤、(イ)は①、(ウ)は②。例年にもましてやさしかったようだ。

問2。傍線部Aはもともと本文がへんてこりんで、どういうことをこういう表現で言おうとしているのか、たしかに解釈に迷うところではある。作者にはこういう風にしか書けなかった何かがあったのだ。でも、受験小説ではそれを別の言い方に書き換える。選択肢とはつまりは暴力的な書き換えである。

この一節の状況をまとめれば、壊れた給水塔から漏れだした水の音を、自分は「あの柔かな、遠い音」(二十二行目)と快く聞いたのに、実は大変なことになっていた、ということである。しかも、「肌寒くなった」という強い表現は、具体的な給水塔の事故に限定されて使われる種類のものではない。切り取られた本文の外にはみ出るような広がりが感じられる。つまり傍線部Aの表現は、切り取られた本文には書かれていない何かと結びついているということだ。こう考えると、給水塔の事故という具体的な出来事を離れた記述になっていて、なおかつ先に状況をまとめた傍点部のような屈折が一つ入っている本文のニュアンスが出ているのは、「安らぎを感じていたものが、実際は」とある④しかない。

①と②は具体的な給水塔の事故につきすぎだ。③と⑤は間違いだとは言えないが、どちらも同じレベルで一般的にすぎる。似たような選択肢が複数ある時は、どれも「正解」ではない。これは、記号式の設問を解くときの鉄則である(**法則⑤の応用型**)。

ところで、『水辺』は全編メタファーからなっている小説のように読める。もちろん、「水」のメタファーであって、たとえばこの傍線部でも〈給水塔からの漏水に気づかなかったので、いまこうして苦情を言われちゃってるんだわ〉というほどのことを、「蘇る音だったのか」という具合に、「水の音」のイメージ（メタファー）を使った持って回った文章で書いてあるわけだ。だとすれば、この設問は「たったこれだけのことを、なぜこういう風に「水の音」のイメージで書く必要があったのか」とでも聞いた方が、選択肢④の記述とはピッタリ合うはずだ。

もし「なぜ「私」は「肌寒くなった」のか」と聞くなら、「正解」は「ただの給水塔の事故が、自分の人生と重ねられたような展開になったことに、不意を突かれたようで恐ろしくなったから」とでもする方がよかったと思う。問2の設問は、実はメタファーをきちんと読めてはいないのだ。これでは、『水辺』から出題する意味がない。

†では、実存的不安は問えたのか

問3。これは「女が自立する物語」が踏まえられていれば、すぐに「決意している」の①と「充実感も覚えている」の⑤に絞り込める。ところが①は「「私」が娘を育てる責任」が「自分から望んだ状況ではない」ことになっていて、書いてある事実と異なる。「自分から望んだ状況ではない」のは藤野との「別居」に関してだけなのである。したがって、「正解」は⑤。②「こだわっている」も③「とまどっている」も④「重くのしかかっている」も否定的な表現で、「女が自立する物語」にふさわしくない。つまり、「**道徳的**」**で**「**健全な物語**」**に否定的な表現はふさわしくないのである**（これを「受験小説の法則②」と呼んでおこう）。

この設問では「不安なかたまり」を含む一節を聞いているが、「不安」に関しては、僕なら「なにも危険はないはずなのに、水の拡がりに身を置くことには不安がつきまとい、その不安が心を弾ませた」（二十九～三十行目）に傍線を引いて、「なぜ「その不安が心を弾ませた」のか」と問うところだ。僕にもきちんとした答えはない。ただ「彼女にはいま確実に感じられるものは一切なく、この身体ではっきりと感じられる「不安」という確かな感覚に頼るしか自分を自分のものとして感じることが出来ないから」という実存的（「人間存在の根本的な不安定さ」というほどの意味）な答えしか用意できない。僕は、切り取られたこの小説の中では一番面白いところだと思っているが、記号式の設問ではこういうところが聞けないのだ。

†「正解」は曖昧な記述の中にある

問4。序章で述べたように、「書いてない気持ち」（心情）は読めない。だが、この設問はそれを行えと言う。まったく途方に暮れた場合は、三つ方法がある。

一つは完全な受験技術。選択肢の末尾だけを見る。①「うれしく思っている」、②「痛快に思っている」、④「いじらしく思っている」、⑤「うれしく思っている」とあるのに、③だけがはっきり気持ちを書いていない。これだけが違う顔をしている。「うれしく思っている」でまとめた①と⑤も心引かれるが、目をつぶって③を「正解」にしてしまう手もある。

この方法の根拠を確認しておこう。先に、選択肢は本文の暴力的な書き換えであると言った。ところが、あまりに明確に言い切ってしまうとやはり本文とはズレが生じてしまう。そこで「正解」は、本文とのズレを出来るだけ少なくするために、明確な言葉を書き込まず、曖昧な記述でお茶を濁すことになってしまうものなのである。**積極的な「正解」ではないが（それだとミエミエになってしまう）、間違いでもないという感じの曖昧な記述の中に「正解」が含まれることが多い**のはこういう事情による（これを「受験小説の法則③」と呼んでおこう）。

この設問を解くもう一つの方法は、もちろん消去法。①は「娘が自分の気持ちを察してくれるようになった」が書き込みすぎの嫌いがある。②は「子供のために「海」を残したい」がヘン。むしろ自分のためでは？ ④は「周りからの干渉を防ぎきれずにいる」が事実誤認。今回の事件以外にとくに「干渉」は受けていない。⑤は「困惑した」がそうかな？ という感じ。で、残る「正解」は③。でも、どこか怪しげだ。

最後の方法は物語文を使うこと。すべての選択肢の中で、③の「不安の中に心を弾ませるものがあった」という部分だけが「女が自立する物語」を踏まえている。これが出題者の「不安」に関する精一杯の読みなのだろう。というわけで、「正解」は③。もちろん、これが一番真っ当な方法だと思う。

問5。これは難しくはない。まず、本文との対応関係から「藤野」に触れた②と③と⑤を残す。

それから消去法を使う。③は「周囲の人々」は「藤野の気持ちも考えろ」と言っているわけではないから×。⑤は「周囲の人々は藤野のいうことを聞くようにと迫ってくる」わけではないから×。藤野に関して書き込み不足で、曖昧な記述が続く②が「正解」として残る（**法則③**）。繰り返すが、こういう具合に、ほかに比べて曖昧な記述の多い選択肢が「正解」として残るケースは決して少なくないから、覚えておいてほしい。選択肢は、キッチリ書くほどミエミエになるかぼろが出るかするものなのだ。

†意味としての水

問6。この小説にとって「水」のイメージはいったい何だったのか。『水辺』を読んでそういう感想を抱かない読者はいないだろう。それは、この「水」は意味としてあるということの証である。ここは、キッチリそのポイントを押さえた設問だ。

まず押さえておきたいことは、この「水」が二面性を持つということだ。もともと、そういう二面性を持たない単純なモノのイメージが聞かれるはずもないのだし、「水」はそもそも「生」と「死」の二つの相反するイメージを持つとも言われている（ガストン・バシュラール『水と夢――物質の想像力についての試論』国文社、一九六九年）。つまり、水は相反する二つの性質のメタファーになりやすいということだ。その結果、「水」は「不安定」というイメージも持ちやすいことになる。それで、『水辺』は全編「水」のメタファーで書かれたわけだ。つまり、『水辺』は「不安定」ということがテーマになった小説であるとさえ言えるのである。

設問を考えると、⑦が藤野と主人公の間の鰆と屋上の鰆との時間関係を誤認していて、すぐに間違いだと判断することが出来る。と言うか、ここでは「正解」となる。あとは、六つの選択肢から二面性に関する記述のないものを選べばいいことになる。①は「二面性」とはっきり書いてある。②は「不安と安らぎ」とある。④は「気が晴れない」と「明るく」がセットになって二面性を表現している。⑤は「心を洗う」と「不安定」がセットになっている。残る③と⑥がそのままスッキリした記述になっていて、このどちらかが「正解」だということがわかる。⑥は本文に書いてあることそのもの。積極的には推せないが、マイナスポイントがみつからない選択肢だ。③は前半も後半も間違い。防水の補修は「銀色の海」を出現させているし、「私」は不安定な現実をむしろ自分のものとして生きようとしているのだから。というわけで、もう一つの「正解」は③である。

最後になって、この小説をキッチリと文学として読もうとする（つまり、それなりにメタファーで読もうとする）設問が来た。僕もホッとした。

二〇〇二年度には、太宰治の『故郷』が来た。リアリズム小説から少しだけ離れたここ数年の傾向とは異なって、ごく普通の（だけど、少しだけおしゃべりな）リアリズム小説からの出題である。そこで、設問も「気持ち」に関するものが例年より多くなった。受験ではリアリズム小説は「気持ち」が問われるという法則は、間違ってなかったでしょう？

【過去問④】男は涙をこらえて自立する

次の文章は、太宰治《だざいおさむ》の小説「故郷」の一節である。主人公の「私」は、かつてさまざまな問題を起こして父親代わりの長兄の怒りを買い、生家との縁を切られていたが、母親が危篤である旨の知らせを受け、生家の人たちとは初対面の妻子を伴って帰郷した。本文はそこで親族たちと挨拶《あいさつ》を交わした後の場面である。これを読んで、後の問い（**問1〜6**）に答えよ。

私は立って、母のベッドの傍《そば》へ行った。他のひとたちも心配そうな顔をして、そっと母の枕頭《ちんとう》に集まって来た。

「時々くるしくなるようです。」看護婦は小声でそう説明して、掛蒲団《かけぶとん》の下に手をいれて母のからだを懸命にさすった。私は枕《まくら》もとにしゃがんで、どこが苦しいの？と尋ねた。母は、幽《かす》かにかぶりを振った。

「がんばって。園子の大きくなるところを見てくれなくちゃ駄目ですよ。」私はてれくさいのを怺《こら》えてそう言った。

　突然、親戚《しんせき》のおばあさんが私の手をとって母の手と握り合わさせた。私は片手ばかりでなく、両方の手で母の冷たい手を包んであたためてやった。親戚のおばあさんは、母の掛蒲団に顔を押しつけて泣いた。叔母も、タカさん（次兄の嫂《あによめ》の名）も泣き出した。私は口を曲げて、こらえた。しばらく、そうしていたが、どうにも我慢出来ず、そっと母の傍から離れて廊下に出た。廊下を歩いて洋室へ行った。洋室は寒く、がらんとしていた。白い壁に、罌粟《けし》の花の油絵と、裸婦の油絵が掛けられている。マントルピイス(注1)には、下手な木彫りが一つぽつんと置かれている。ソファには、豹《ひょう》の毛皮が敷かれてある。椅子《いす》もテエブルも絨毯《じゅうたん》も、みんな昔のままであった。A私は洋室をぐるぐると歩きまわり、いま涙を流したらウソだ、いま泣いたらウソだぞ、と自分に言い聞かせて泣くまい泣くまいと努力した。こっそり洋室にのがれて来て、ひとりで泣いて、あっぱれ母親思いの心やさしい息子さん。キザだ。思わせぶりたっぷりじゃないか。そんな安っぽい映画があったぞ。三十四歳にもなって、なんだい、心やさしい修治さんか。甘ったれた芝居はやめろ。いまさら孝行息子でもあるまい。わがまま勝手の検束(注2)をやらかしてさ。よせやいだ。泣いたらウソだ。涙はウソだ、と心の中で言いながら懐手して部屋をぐるぐる歩きまわっているのだが、いまにも、嗚咽《おえつ》が出そうになるのだ。私は実に(ア)閉口した。煙草《たばこ》を吸ったり、鼻をかんだり、さまざま工夫して頑張って、とうとう私は一滴の涙も眼《め》の外にこぼれ落とさなかった。

　日が暮れた。私は母の病室には帰らず、洋室のソファに黙って寝ていた。この離れの洋室は、いまは使用していない様子で、スウィッチをひねっても電気がつかない。B私は寒い暗闇《くらやみ》の中にひとりでいた。北(注3)さんも中畑《なかはた》さんも、離れのほうへ来なかった。何をしているのだろう。妻と園子は、母の病室にいるようだ。今夜これから私たちは、どうなるのだろう。はじめの予定では、北さんの意見のとおり、お見舞いしてすぐに金木《かなぎ》を引き上げ、その夜は五所川原《ごしょがわら》の叔母の家へ一泊という事になっていたのだが、こんなに母の容態が悪くては、予定どおりすぐ引き上げるのも、かえって気まずい事になるのではあるまいか。とにかく北さんに逢《あ》いたい。北さんは一体どこにいるのだろう。兄さんとの話が、いよいよややこしく、もつれているのではあるまいか。私は居るべき場所も無いような気持ちだった。

　妻が暗い洋室にはいって来た。

「あなた！　かぜを引きますよ。」

「園子は？」

「眠りました。」病室の控えの間に寝かせて置いたという。

「大丈夫かね？　寒くないようにして置いたかね？」

「ええ。叔母さんが毛布を持って来て、貸して下さいました。」

「どうだい、みんないいひとだろう。」

「ええ。」けれども、やはり不安の様子であった。「これから私たち、どうなるの？」

「わからん。」

「今夜は、どこへ泊るの？」

「そんな事、僕に聞いたって仕様が無いよ。いっさい、北さんの指図にしたがわなくちゃいけないんだ。十年来、そんな習慣になっているんだ。北さんを無視して直接、兄さんに話し掛けたりすると、騒動になってしまうんだ。そういう事になっているんだよ。わからんかね。僕には今、なんの権利も無いんだ。トランク一つ、持って来る事さえできないんだからね。」

「なんだか、ちょっと北さんを恨んでるみたいね。」

「ばか。北さんの好意は、身にしみて、わかっているさ。けれども、北さんが間にはいっているので、僕と兄さんとの仲も、妙にややこしくなっているようなところもあるんだ。どこまでも北さんのお顔を立てなければならないし、わるい人はひとりもいないんだし、――」

「本当にねえ。」妻にも少しわかって来たようであった。「北さんが、せっかく連れて来て下さるというのに、おことわりするのも悪いと思って、私や園子までお供して来て、それで北さんにご迷惑がかかったのでは、私だって困るわ。」

「それもそうだ。うっかりひとの世話なんか、するもんじゃないね。僕という(イ)難物の存在がいけないんだ。全くこんどは北さんもお気の毒だったよ。わざわざこんな遠方へやって来て、僕たちからも、また、兄さんたちからも、そんなに有り難がられないと来ちゃ、さんざんだ。僕たちだけでも、ここはなんとかして、北さんのお顔の立つように一工夫しなければならぬところなんだろうけれど、あいにく、そんな力はねえや。下手に出しゃばったら、滅茶《めちゃ》滅茶《めちゃ》だ。まあ、しばらくこうして、まごまごしているんだね。お前は病室へ行って、母の足でもさすっていなさい。おふくろの病気、ただ、それだけを考えていればいいんだ。」

C妻は、でも、すぐには立ち去ろうとしなかった。暗闇の中に、うなだれて立っている。こんな暗いところに二人いるのを、ひとに見られたら、はなはだ(ウ)具合がわるいと思ったので私はソファから身を起こして、廊下へ出た。寒気がきびしい。ここは本州の北端だ。廊下のガラス戸越しに、空を眺めても、星一つ無かった。ただ、ものものしく暗い。私は無性に仕事をしたくなった。なんのわけだかわからない。よし、やろう。一途《いちず》に、そんな気持ちだった。

嫂が私たちをさがしに来た。

「まあこんなところに！」明るい驚きの声を挙げて、「ごはんですよ。美知子さんも、一緒にどうぞ。」嫂はもう、私たちに対して何の警戒心も抱いていない様子だった。私にはそれが、ひどくたのもしく思われた。なんでもこの人に相談したら、間違いが無いのではあるまいかと思った。

母屋の仏間に案内された。床の間を背にして、五所川原の先生（叔母の養子）それから北さん、中畑さん、それに向かい合って、長兄、次兄、私、美知子と七人だけの座席が設けられていた。

「速達(注4)が行きちがいになりまして。」私は次兄の顔を見るなり、思わずそれを言ってしまった。次兄は、ちょっと首肯《うなず》いた。

北さんは元気が無かった。浮かぬ顔をしていた。酒席にあっては、いつも賑《にぎ》やかな人であるだけに、その夜の浮かぬ顔つきは目立った。やっぱり何かあったのだな、と私は確信した。

それでも、五所川原の先生が、少し酔ってはしゃいでくれたので、座敷は割に陽気だった。私は腕をのばして、長兄にも次兄にもお酌をした。私が兄たちに許されているのか、いないのか、もうそんな事は考えまいと思った。私は一生ゆるされる筈《はず》はないのだし、また許してもらおうなんて、虫のいい甘ったれた考えかたは捨てる事だ。D結局は私が、兄たちを愛しているか愛していないか、問題はそこだ。愛する者は、さいわいなる哉《かな》。私が兄たちを愛して居ればいいのだ。みれんがましい欲の深い考えかたは捨てる事だ、などと私は独酌で大いに飲みながら、たわいない自問自答をつづけていた。

（注）1　マントルピイス——暖炉の上に設けた飾り棚。

2　検束をやらかして——一時警察に留置されたこと。

3　北さんも中畑さんも——ともに「私」の亡き父に信頼された人物で、以前から「私」と生家との間を取り持っていた。この帰郷も、長兄の許可を得ないまま、北さんが主導して実現させた。

4　速達——「私」が郷里に向かった後で次兄が投じた、「私」を呼び寄せる急ぎの手紙のこと。

問1　傍線部(ア)〜(ウ)の語句の本文中の意味として最も適当なものを、次の各群の①〜⑤のうちから、それぞれ一つずつ選べ。

(ア)　閉口した
① 悩み抜いた
② がっかりした
③ 押し黙った
④ 考えあぐねた
⑤ 困りはてた

(イ) 難物
① 理解しがたい人
② 頭のかたい人
③ 心のせまい人
④ 扱いにくい人
⑤ 気のおけない人

(ウ) 具合がわるい
① 不都合だ
② 不自然だ
③ 不出来だ
④ 不適切だ
⑤ 不本意だ

問2 傍線部A「私は洋室をぐるぐると歩きまわり、いま涙を流したらウソだ、いま泣いたらウソだぞ、と自分に言い聞かせて泣くまい泣くまいと努力した」とあるが、「私」がそうしたのはなぜか。その説明として最も適当なものを、次の①～⑤のうちから一つ選べ。

① あたたかく自分を迎えようとしている人々の懐に飛び込んでいきたいという思いと弱みを見せたくないという思いとが、胸のうちに同時にわきあがり、互いに争っているから。

② 母親に対して素直な気持ちになれなくなっているにもかかわらず、まわりの雰囲気に流されて、ここで悲しむ様子を見せては人々を欺くことになると考えているから。

③ 立場上ほかの親族と同じようにふるまうのがはばかられるとともに、人目を忍んで泣くとい

うありきたりな感情の表現の仕方をすることに恥じらいを覚えているから。

④　母親に対しては子どものころと変わらない親密な感情を取り戻しながらも、和解を演出しようとする周囲の人々の思惑には反発を感じているから。

⑤　過去の自分とは異なる人間的に成長した姿を見せようと意気込んでいたのに、あっさりと周囲の人々の情にほだされてしまったことに自己嫌悪を感じているから。

問3　傍線部B「私は寒い暗闇の中にひとりでいた」とあるが、この時の「私」の心情の説明として**適当でないもの**を、次の①〜⑤のうちから一つ選べ。

①　北さんと中畑さんがなかなか離れに来ないことが気になり、もしかしたら長兄と悶着《もんちゃく》を起こしているのかもしれないと考え、やはり帰郷などすべきでなかったのではないかという思いにかられている。

②　母親の病気にかこつけて突然やって来た自分たち夫婦を、長兄らがどのような思いで迎え入れてくれるのかがまだ十分には予測しがたく、どこでどうふるまったらよいのか判断に窮して戸惑いを覚えている。

③　とりあえず母親との対面をはたすことができて一段落は着いたものの、案じていた母親の容態が予想以上に悪く、北さんとたてた当初の計画にも支障が出そうで不安を感じている。

④　母親の病状は気がかりなのだが、長年生家をないがしろにして自由気ままにふるまってきた自分にそのような心配をする資格があるのかと自問し、昔の過ちに振りまわされる人生の不可解さを実感している。

⑤　親族たちが集まっている部屋から離れて誰《だれ》もいない空間に閉じこもることによって、動揺する心を静めるとともに、さまざまな人に迷惑をかけ続けてきたみずからの過去や現在に思いをめぐらせている。

問4　傍線部C「妻は、でも、すぐには立ち去ろうとしなかった」とあるが、この時の「妻」の心情の説明として最も適当なものを、次の①〜⑤のうちから一つ選べ。

①　旧家の嫁でありながらも今回初めて帰郷するという不義理を重ねてきたので、夫の生家は必ずしも居心地のよいものではなく、皆の前で健気《けなげ》にふるまってよいものかどうかためらっている。

②　夫が単なる強がりを言っているのに過ぎないことに初めから気づいていたため、なかなか素直にその言葉どおりにふるまう気にはなれず、早くこの地を去りたいと考えている。

③　北さんと長兄との間に立たされて苦悩している夫のことが心配でならず、何とかしなければならないことはよく理解しているのだが、嫁という立場から積極的な行動は慎もうとしている。

④　夫の言うこともわかるのだが、郷里における自分たち二人の微妙な立場を考えるとまだ十分には心細さをぬぐい去ることができず、進んで夫の生家の人たちと交わる勇気を持てないでいる。

⑤　子供が眠ってしまって夫と二人きりになってしまうと不安はいっそう募るばかりなのだが、夫はただ姑《しゅうとめ》の心配をするばかりで少しも自分をかまってくれず、どこか納得できないでいる。

問5　傍線部D「結局は私が、兄たちを愛しているか愛していないか、問題はそこだ」とあるが、それはどういうことか。その説明として最も適当なものを、次の①〜⑤のうちから一つ選べ。

① 兄たちが許してくれるかどうかに気を使うよりも、自分が兄たちに対して深い愛情を持つ姿勢を貫くことが何より大切であるということ。

② 兄たちとのいざこざを根本的に解決するためには、いかに自分が兄たちを愛しているかということを正確に伝える必要があるということ。

③ もし自分が兄たちを愛することができると確信を持てたら、頭を悩ませている数々の問題も一気に解決するはずだということ。

④ 生家の人々が最終的に問いかけてくるのは、自分が口先でどう言うかということよりも、兄たちに愛情を抱いているかいないかだということ。

⑤ 兄たちを愛しているかどうか自分でもわからず、どうふるまえばよいか戸惑っていることが、さらに事態を複雑にしている要因だということ。

問6 本文の内容と表現の特徴の説明として適当なものを、次の①〜⑥のうちから二つ選べ。ただし、解答の順序は問わない。

① 思わぬ出来事によって必ずしも居心地のよくない場所に置かれてしまった主人公夫婦の心の結びつきの強さが、二人の会話に主眼を置いたやや饒舌《じょうぜつ》な文体で、共感を込めて描き出されている。

② 複雑な人間関係の中でうまくふるまえない主人公の弱く繊細な心の動きが、一人称を基本としながら自分を冷静に見つめる視点を交えた語り口で、たくみに描き出されている。

③ 重病に陥った母親の枕もとで繰り広げられる主人公と彼の兄たちとの秘められた微妙な確執が、登場人物相互の内面にも自在に入り込んでいく多元的な視点から、私情を交えず描き出されている。
④ 立場の異なる人々の間に生じる避けがたい摩擦と、それを大きく包み込むような愛情のあり方が、主人公を中心とした人間群像の中から浮き彫りになるように描き出されている。
⑤ 母親の病気で帰郷することになった主人公夫婦の、これを契機として何とか兄たちとの関係を改善したいという切実な思いが、微妙に揺れ動く心理を含めて丹念に描き出されている。
⑥ 久方ぶりの帰郷で顔を合わせた親族に気兼ねしつつも、それでも甘えを捨てきれない主人公の内面が、人間の細やかな心の移ろいに焦点を定めた明晰《めいせき》な文章で描き出されている。

---

†時代背景と小説の読者

古い感じの小説である。そういう感じをまずきちんと持つことから始めなければならないようだ。でないと、問4あたりは苦労することになる。

そもそも、問4の選択肢①にいきなり「旧家」と出てくるが、本文だけからどうして「旧家」だとわかるのだろうか。親戚やらわけのわからない取り巻きやらがいるから「金持ちらしい」ということはわかるだろうが、それが「にわか成金」でないという保証はないのだ。どうやら、出題者は太宰が「旧家」の出身だということはもう「常識」だと、無意識のうちに思ってしまっているようだ。誰だ、そいつは?

そういう目でこの問題全体を見直すと、設問の前説《まえせつ》にも注にも不十分なところがあることがわかってくる。たとえば、冒頭に「看護婦」が出てくるからこの場面は病院かと思うと、そうではないらしいことが十四行目の「みんな昔のままであった」あたりからようやくわかってくる。「私」の実家なのである。設問の前説でそこまでキチンと言っておかないと、受験生は戸惑うだろう。

十二行目からの「洋室」の描写とやけに部屋数の多いことから、この家が「お金持ち」の家だということぐらいは何となく理解できるだろうか。そもそも、戦前にあっては、家に「洋室」が(しかも「離れの洋室」が)あること自体が「お金持ち」の徴である。そして、実は先の「看護婦」も、たぶん病院の「看護婦」ではない。戦前は、こういうときのために住み込みの「看護婦」を雇ったのである。もちろん、これもある程度以上の「お金持ち」にしかできないことだ。だいたい、病院の「看護婦」は「母の体を懸命にさすった」りしてはくれないだろう、今も昔も。僕などは何回か入院生活を送った経験があるが、一度も「体を懸命にさすった」りしてもらったことはなかった。もっとも、体をさするような病気ではなかったけれども。

最も肝心なことは、なぜ「私」がこれほど「長兄」に怯えなければならないのかということだろう。「「私」が不良行為を働いたから」というのが、本文から導くことの出来る答えだが、それだけでなぜそんなに怯えなければならないのか。あるいは、周囲の人々がなぜそんなに「私」と「長兄」との間を取り持たなければならないのか。

それは、戦前の法律では家の財産のすべてを長男が相続することになっていたからである。この法律は貧乏人にはあまり関係がないが、「お金持ち」には重大である。なぜなら、長男以外の兄弟は、家に財産がどれだけあっても何にも相続できないからである。しかし、財産を独り占めするかわりに、長男には法律上他の兄弟をも養う義務があった。ただし、その扶養の義務を逃れる方法が一つだけあった。理由を付けて他の兄弟を「勘当《かんどう》」(法律上、家との関係を断つこと)してしまえばいいのである。

太宰家の場合、「長兄」が屁理屈を付けて「勘当」したのではないが、「長兄」と「私」との間に財産問題と扶養の義務問題があることには変わりはない。事実、現在最も詳しい評伝である相馬正一『評伝太宰治』(全三冊、筑摩書房)によると、不良行為を繰り返す大学生の太宰に対して、「長兄」は金銭的な援助について細かく取り決めた「覚書」を取り交わすが、そこにはどう考えても太宰には出来そうにない条件を並べ立てて、それが出来なければ援助をうち切ると書かれているのだ。前説の「父親代わりの長兄の怒りを買い、生家との縁を切られていたが」という部分にはこういう事情が隠されている。

†本文選びは難しい

センター試験用に切り取られた『故郷』を物語文にまとめるなら「「私」が家族への愛情を確かめる物語」とでもなるが、こういう「美しい」物語の裏には(それがどの程度のものだったのかは、ともかくとして)経済上の問題も隠されていたのである。お金の問題がすべてとは言わないが、愛情問題がすべてでは決してないのだ。それを、ただ愛情の問題であるかのように書くところに、『故郷』のうまさがある。あるいは、ごまかしがある。こういうのを、以前は「『故郷』の詩と真実」なんて言い方をしたものだ。「詩」はフィクションの側面、「真実」はその裏に隠された現実問題の側面を言う。

さて、こういう時代背景や太宰の個人的な事情を全部わかっている必要はないが、まったくわからないのでは「私」の気の遣い方が十分には理解できないだろう。事情があまりにも戦前的で、かつ複雑すぎるのだ。その意味で、センター試験に出題するにはこの本文には無理があった。誤解のないように言っておけば、僕は大学受験に戦前の小説を出すなと言っているのではない。選び方と切り取る部分に気を付けてほしいと言っているだけなのだ。

それに、この本文には意味不明の一節がある。「「速達がいきちがいになりまして。」私は次兄の顔を見るなり、思わずそれを言ってしまった」(七十一行目)である。注の説明だけでは不十分で、この部分の意味を知るためには『故郷』全体を読む必要がある。〈実家ではちゃんと頃合いを見計らって速達で知らせたのに、その事情を知らない北さんが勝手に「私」たち一家を連れて来たのはまずかった〉というほどの意味なのである。ほかにも、「金木」や「五所川原」などにも注が必要だったはずだ。切り取り方には気をつけてほしいと、何度も言っておく。

†ふたたび、意味は問えるのか

言いたいことはほかにも山ほどあるが、批判ばかりでは先へ進まない。設問を解こう。

問1。例の意味を聞く設問である。(ア)はどうってことなく⑤を選べただろうが、「閉口した」はふつう単に「困った」の意味であって、「実に閉口した」が「困りはてた」ではないだろうか。傍線部が「実に」の分少し短いか、「正解」に「実に」を織り込んでしまったか、どちらかだろう。(イ)はたしかに文脈上の意味と「字義通りの意味」とを合わせて聞く設問で、「本文中の意味として」という注意が生かされている。文脈上は①の「理解しがたい」でもいいような感じがするが、ここは「難物」の「字義通りの意味」を掛け合わせて、④を選ぶ。

困るのは(ウ)だ。僕の理解では、こういう微妙な状況で、「私」とその妻とがこそこそ会話を交わしているような「不自然」なことをするのは「不適切」だから、そういう風に見られることは自分としては「不本意」であり、久しぶりに帰郷した不肖の息子としてもまったく「不出来」なことになってしまうから、総合的に考えるに、見られるのは「不都合」である、ということになる。そういうわけで、総合的に考えるに、「正解」は①となりそうだ。

でも「具合がわるい」と思っているから「具合がわるい」と書いたのであって、もし「不都合だ」と思っていたなら「不都合だ」と書いただろう。だから、原理的に言って言葉の意味を問うことは出来ないのであって、それをすることは受験国語が行う暴力なのだ。いや、そんなことを言えば、本文に長い傍線を引いてその意味を聞くのも同じことではないかと言うかもしれない。そう、同じことなのだ。受験国語とは言葉に対する暴力のことなのである。でも、僕もやっているし、君たちもそれに参加している。「国語の読解力」とは何だろうかと思い悩む日は、ますます多くなりそうだ。

なお、この(ウ)の解答に関して、ある過去問問題集にはとんでもないミスがある。こういうことはたまさかあることだから、過去問問題集は必ず複数買っておこう。ついでに言えば、僕はセンター試験国語の過去問問題集を、この本の執筆のために三種類買った。一章で駿台予備校の霜栄を批判はしたけれども、よくよく目を通したところ、駿台予備校編のものが最も解説に納得のいくところが多かった。そういうわけだから、僕の解説も鵜呑みにしてはいけない。

†涙をこらえれば自立したことになるのか

以前、丸谷才一という高名な文芸評論家が、古典に出てくる男はよく泣くのに、泣くと男らしくないということになったのは近代になってからではないかというようなことを書いていたと記憶する。なるほど、丸谷の言うように『平家物語』などは男泣きの文学とでも言いたくなるし、そのほかの古典の物語にも男泣きは多い。ところが、明治以降の文学では男泣きは「なんかヘン」という感じで書かれることが多いのである。問2の傍線部も、そういうコンテクスト（時代状況）の中で読まれるべきところだ。

この時代には、男が人前で泣くことは男らしくない、だから男が泣くときは人目を忍んで泣くものだ、という一般的な型が出来上がってしまっていた。それは「安っぽい映画」（十七行目）にもあるくらいだと、「私」も認識している。そこで、「私」は自分の純粋な（？）母親への情愛を、そんな「安っぽい映画」の一場面みたいな形を真似ることで汚したくないと思っているのだ。また、自分のこれまでしてきたことは、いまさらそういう「安っぽい」孝行息子を演じて許されるほど生やさしいものではないとも思っているのである。

その上で「私」が涙をこらえることは、「私」が「孝行息子」ではなく、一人の自立した「男」として生きるきっかけにもなることが、男泣きの文学史（？）を知っている読者にはわかる。近代以降は涙をこらえることが「男らしい」ことなのだから。ただし、このことはたぶん登場人物の「私」にはわかってはいない。こういう具合に、読者には「私」以上に「私」のことがわかるのである。別の言い方をすれば、読者には「私」のわからないことまでわかるのである。すぐれた読者は登場人物よりも頭がいいのだ。

こうした「男泣きの文学史」を踏まえた枠組から読めば、「正解」が③であることが、ごく自然に見えてくるものだ。確認のために、例の消去法も使っておこう。①は「あたたかく自分を迎えようとしている人々」が間違い。「私」にはまだそういう確信はない。②は「母親に対して素直な気持ちになれなくなっている」が間違い。素直になりすぎて涙が出そうなのだ。④は「反発を感じているから」が間違い。「困惑」はしているが、「反発」はしていない。⑤は全体にあまりにもへんてこりんだが、とくに前半が本文とは無関係で、こんなことはどこにも書いていない。消去法でも、③が残る。

泣くのをこらえたら、今度は一人でいることの意味が問われる（問3）。もちろん偶然だろうけど、これはなかなかよく考えられた展開に思える。と言うのは、デイビッド・クーパーという精神分析家が、人が家族の中で孤独でいることは、家族という共同体の中での最大のタブー（禁止事項）だと言っているからである（『家族の死』みすず書房、一九七八年）。家族の中で一人でいることは、家族にとって良いことではないのである。逆に言えば、家族の中で一人でいるしかない「私」の状況が、この時の「私」の孤立した立場をなによりも雄弁に物語っている。そして、家族の中で一人でいることが自立の儀式でもあることは、君たちが一番よく知っているだろう。

問3の設問は「私」の「気持ち」の説明として「適当でないもの」を選べと言う。このことは、一つの事態に複数の「気持ち」が起き得ると出頭者が理解していることを示しているが、だからこそ作者はそういうことをいちいち書かずに、「私は寒い暗闇の中にひとりでいた」とだけ書くのだ。あとは、「気持ち」を読者が作ることになる。ただし、選択肢は「気持ち」の説明と言うよりも、ほとんどこの時「私」の置かれていた状況の説明に費やされている。**「気持ち」を問う設問の多くが、実はその時の状況に関する情報処理問題になっている**（これを「受験小説の法則④」と呼んでおこう）ことは、序章で述べた通りだ。

選択肢の作りは意外と単純である。④と⑤の後半がよく似ていて、「適当でないもの」はこのどちらかだと予測がつく（**法則⑤**）。どちらかが、情報処理として欠陥があることになる。そういう目で見ると、④の「人生の不可解さを実感している」という部分が、かなり実存的なことにまで踏み込んでしまっていて、フライング気味であることがわかる。「正解」は④だ。④と⑤の後半を比較すると、⑤の方が曖昧な記述になっている。ここでも、一般的な意味での、文脈に見合った「正解」は曖昧な記述の方だという法則が生きている（**法則③**）。

†自立にふさわしい妻

「私」の妻の気持ちなどわかるはずもない。「私」とはちがって、妻についてはほとんどなにも情報がないのだから。そこで、問4では妻の「気持ち」を作ることになる。基準は物語文しかない。いずれにせよ、不可能なことをせよと言うのだから、強引な作業にならざるを得ない。『故郷』の物語文は「「私」が家族への愛情を確かめる物語」だった。こういう家族愛の物語には、健気《けなげ》な妻だけがふさわしい。

①のように「夫の生家は必ずしも居心地のよいものではなく」といった我慢の出来ない性格では「旧家」の妻は務まらず、②のように「夫が単なる強がりを言っているのに過ぎないことに初めから気づいていた」ような賢《さか》しらな妻ではまずいし、「早くこの地を去りたいと考えている」といった身勝手でも困る。また、⑤のように「夫はただ姑の心配をするばかりで少しも自分をかまってくれず」といった甘えん坊の妻では品位がない。

これらのいかにも否定的な事柄が書き込まれている選択肢は、家族愛の物語にふさわしい健気な妻ではないというだけの理由で、一気に排除することが出来る（**法則②**）。それ以外に、これらを排除する理由はない。物語文の枠組から読むことだけが、選択肢の絞り込みを可能にするのだ。だって、繰り返すけれども、妻の心理なんてわかりっこないのだから。

その上に、これらは学校空間にふさわしくない妻像なのである。「道徳的な枠組から読むこと」という学校空間に隠されたルールが、ここには働いている（**法則①**）。記号問題では「気持ち」は出題者が作る以上、出題者の思想がはっきり表れる。だから、「気持ち」を問う選択肢には隠

された ルールが働きやすいのである。すなわち、学校空間の「気持ち」は「道徳」によって作られる。これらの選択肢を「正解」ではなく（いま時の「妻」たちならまったく普通の感じ方だろうに）、ダミーとして作ってしまったところに、出題者の思想の度合いが透けて見える。なんと古くさい家族道徳観から作られた選択肢たちよ！

残るは③と④だけだ。なるほど、後半がよく似ている。過去問問題集の多くは③の「北さんと長兄との間に立たされて苦悩している夫のことが心配でならず」の部分を間違いとする。理由は、この時の妻の「心配事」は自分たちがこの後どうなるかであって、それと食い違うからと言うのだが、あながちそうとばかりは言えない。五十行目の「妻にも少しわかって来たようであった」がポイントで、この時妻に「わかった」内容はと言えば、「北さんと長兄との間」のことなのである。だから、③はまったくの間違いとは言えないのである。

そこで、例の法則を使うしかない。「正解」は曖昧な記述の方だ、と（**法則③**）。③の「嫁という立場から積極的な行動は慎もうとしている」という記述と、④の「進んで夫の生家の人たちと交わる勇気を持てないでいる」という記述では、どちらが曖昧か。③は妻がもうこれっきり動かない感じがするが、④の方は曖昧な分含みを残している。そう、「正解」は④を選ぶしかないのだ。これで、過去問問題集ともピッタリ一致する。例の法則の威力がこれでわかっただろうか。

†曖昧な愛情の中の「私」

問5は、『故郷』を甘ったるい家族愛の物語に仕立て上げている（当時の太宰にはその必要があったのだろうが）一節に関する設問である。学校空間における「家族愛」の基本は「無償の愛」だ。この一節がみごとにそうなっている。このことが、選択肢を選ぶときの最後の決め手になる。

まず、消去法で消せるものは消しておこう。④の「生家の人々が最終的に問いかけてくるのは」は本文にそういう記述はない。⑤の「兄たちを愛しているかどうか自分でもわからず」が本文とはまったく逆である。どうしてこういう桁外れに頓珍漢な選択肢が出来上がったのか、理解に苦しむ。受験生は傍線部Dの前後は読まないとでも思ったのだろうか。いずれにせよ、この二つを消去法で消すことが出来る。

次に、「愛は「無償の愛」でなければならない」という学校空間に隠されたルール（つまり道徳的）から外れるものを排除する（**法則①**）。②の「根本的に解決するためには」と③の「頭を悩ませている数々の問題も一気に解決するはず」という部分が、「解決のための愛」という功利主義の臭いがする。そこで、この二つは排除できる。

最終的に残ったのは①だけだ。そこで、①の内容を確認すると、特に本文と矛盾するところはないことがわかる。「正解」は①で決まりだ。でも、①は何を言いたいのかわからないほどぼんやりした記述の選択肢である。そう、ここでもあのルールを思い出そう。「正解は曖昧な記述の中に隠れている」（法則③）。このルールを使えば、はじめからなんなく①を選べたのである。まぁ、念には念を入れて、複数のやり方を組み合わせるのが賢明だけれども、時間がなければ一発で「正解」が絞り込めるルールを選択しよう。

問6には、残念ながら特効薬はない。消去法でシコシコいくしかないようだ。

①は「主人公夫婦の心の結びつきの強さが、二人の会話に主眼を置いたやや饒舌な文体で」のところがおかしい。『故郷』は「『私』が家族への愛情を確かめる物語」（この場合の家族は実家のことだ）だから、「夫婦の心の結びつき」が中心的なテーマではないし、「やや饒舌」ではあるけれど、「会話に主眼を置いた」「文体」でもない。②は特に問題となるところはない。「自分を冷静に見つめる視点」とは、たとえば「安っぽい映画」と同じになってしまわないように、涙をこらえる場面のことを言っている。

③は「秘められた微妙な確執」がヘン。兄弟の「確執」は秘められてはいない。みんなが知っていることである。④は後半がヘン。「大きく包み込むような愛情のあり方」は「主人公を中心とした人間群像の中から浮き彫りに」なったりはしていない。最後の場面で、主人公が勝手に「愛情」を振り回しているにすぎない。⑤はとくに問題を感じない。⑥は本文に「虫のいい甘ったれた考えかたは捨てる事だ」（七十七〜七十八行目）とある以上、「それでも甘えを捨てきれな

い主人公」がおかしい。

というわけで、「正解」は②と⑤である。

五つの法則

これでセンター試験の小説は終わるが、最後に記号式の設問を解くための五つの法則を再度確認しておこう。


一つ目は、「気持ち」を問う設問には隠されたルール（学校空間では道徳的に正しいことが「正解」となる）が働きがちだという法則①。

二つ目は、そのように受験小説は「道徳的」で「健全な物語」を踏まえているから、それに対して否定的な表現が書き込まれた選択肢はダミーである可能性が高いという法則②。

三つ目は、その結果「正解」は曖昧模糊とした記述からなる選択肢であることが多いという法則③。

四つ目は、「気持ち」を問う設問は傍線部前後の状況についての情報処理であることが多いという法則④。

五つ目は、「正解」は似ている選択肢のどちらかであることが多いという法則⑤。ただし、五つ目の法則は、中学や高校の入試国語ではほぼそのまま使えるが、大学受験国語では裏をかかれることがある。

物語文による読みを基本としながら、これら五つの法則と消去法とを組み合わせて解くのが、センター試験の小説の鉄則である。どうやら、僕の消去法との闘争は、半ば勝利し、半ば敗北したようだ。

*第二部

物語と小説はどう違うのか

——国公立大学二次試験を解く

第四章

物語を読むこと、あるいは先を急ぐ旅

†旅と道草

この章からは国公立大学二次試験の小説の解き方を学ぶことになるけれども、それだけではなく、実はもう一つの目論見がある。それが第二部のタイトルにも掲げた「物語と小説はどう違うのか」というテーマなのである。このテーマを通して、第一部で語った小説と物語の定義に、もう少しだけ新しい意味を付け加えようと思う。

このテーマは国公立大学二次試験の小説を解く時にもいくぶんか役に立つはずだと思っているけれども、ここではこのテーマにそれほど深入りする気はない。文学にとって重要ではあるけれど、いまのところキッチリ説明しきれるテーマでもないからだ。そこで、はじめにできるだけ簡潔に、僕が考える物語と小説との違いを講義したら、あとは実際に問題を解くことで物語と小説との違いを感じ取ってくれればいい。あるいは、アンソロジー（名文集）風に楽しんでくれるだけでもいい。それでも、十分に力はつくと思う。

さて、物語と小説とはどう違うのか。それは、先を急ぐ旅と道草の楽しみのように違う——こういうちょっとキザなたとえから、僕たちの短い講義を始めたい。

物語や小説といった散文芸術の二つの側面を説明するために、文学研究ではストーリーとプロットという言葉を使う。フォスターというイギリスの小説家は、ストーリーとプロットの関係について次のように述べている。少し古い本だが、ストーリーとプロットについて考えるときには、いまでもここから出発するものなのである。

プロットを定義しましょう。われわれはストーリーを、時間的順序に配列された諸事件の叙述であると定義してきました。プロットもまた諸事件の叙述でありますが、重点は因果関係におかれます。〈王が亡くなられ、それから王妃が亡くなられた〉といえばストーリーです。〈王が亡くなられ、それから王妃が悲しみのあまり亡くなられた〉といえばプロットです。(中略)ストーリーならば、〈それからどうした?〉といいます。プロットならば〈なぜか?〉とたずねます。

(『小説とは何か』ダヴィッド社、一九六九年)

フォスターの説明を、もう少し詳しく見直しておこう。

〈王が亡くなられた〉と聞いて、出来事の続きを知りたい読者はこう問うだろう。〈それからどうした?〉と。答えはこうだ。〈それから王妃が亡くなられた〉と。〈王が亡くなられ、それから王妃が亡くなられた〉という文は、王が亡くなったことと王妃が亡くなったことという二つの出来事を時間的な順序に沿って書いたものだが、この一文には〈それからどうした?〉という問いが隠されていたのである。これが先を急ぐ旅のような読み方、すなわち物語的な読み方だ。

一方、〈王が亡くなられ、それから王妃が亡くなられた〉と聞いて、王妃が亡くなられた理由を知りたい読者はこう問うだろう。〈なぜか?〉と。答えは〈悲しみのあまり亡くなられた〉だ。〈王が亡くなられ、それから王妃が悲しみのあまり亡くなられた〉という文は、王が亡くなったことと王妃が亡くなったこととの時間的順序のほかに、この二つの出来事の因果関係までもがわかるように書かれているのである。この一文には、〈それからどうした?〉という問いだけでなく、〈なぜか?〉という問いも隠されていたのである。これが道草を楽しむような読み方、すなわち小説的な読み方だ。「読書行為は迷路のようなものだ」というある研究者の言葉を序章で紹介したが、この言葉は小説的な読み方のことを言っているのだと、いまなら了解できるだろう。

青山南という翻訳家が面白いことを書いている（コラム〈時のかたち〉「小説の速度」『朝日新聞』二〇〇二・九・一〇夕刊）。こんな具合だ。

小説は、スピードをあげて速く読むと、たいていの場合は、ああ、おもしろかった、という感想が得られる。

逆に、スピードをつけずにのろのろ読んでいると、今度は、たいがい、途中で飽きてしまう。

遠いとおもしろくて、のろいと飽きる。これは、ほぼどんな小説についてもあてはまる真理じゃないかと思う。

なぜ、速く読むとおもしろいかというと「それは、おもしろいところを拾って読んでいるから─で、のろのろと読むと飽きるのは、気が散って「小説の一節からべつなことを連想─したりするからだと言うのだ。結論は「小説をおもしろく読みたいなら、速く読め。しかし、読みながらべつなことを思い出して、なにが悪い？　それも小説がくれる豊かな時間のひとつだぞ」ということになるのだけれども、これは物語と小説という僕たちのテーマにとって実に示唆的な意見だと思う。

青山の言う「速度」の問題は、僕がここで言っている物語と小説に対応している。速く読むことは小説を〈それからどうした?〉という問いにおいてのみ読むことであって、それは小説を物語として読むことだと言える。一方、気が散って「べつなことを連想」しながら読むことは、そのまま〈なぜか?〉という問いにおいて読むことではないにしろ、道草を楽しみながら読むことに他ならない。つまり、小説を小説として読むことだと言える。

青山は、小説に二通りの読み方があることを、「速度」の問題として分析して見せたのである。実際、僕も授業の予習が間に合わなくてものすごく「速度」をつけて読むことがある。僕は読むのがあまり速くなくて、わりと活字が詰まった文庫本一ページで一分というのがふつうに読んだときのペースなのだけれども、急ぎの時は特に段落のはじめと会話部分だけを拾い読みして、一ページ十秒ほどで読む。もちろん、〈なぜか?〉と問う暇もないが、そういうときはそれなりに楽しい。物語として読んでいるからである。そして、教室に出たら素知らぬ顔をして、ゆっくり小説として読むふりをする。

ロラン・バルトは〈テクストは二度読め〉という意味のことを言っているが(前出『物語の構造分析』)、一度目は物語として、二度目は小説としてということなのかもしれない。君たちにも、「小説と速度」について思い当たるところはないだろうか。

†物語として読むことと小説として読むこと

こういう風に考えると、一つのテクスト（文字で書かれたものというほどの意味）に二通りの読み方が出来ることがわかる。つまり、一つのテクストを物語として読むことも出来るし、小説として読むことも出来るということだ。事実、そういうことなのだ。試みに、川端康成の『掌《たなごころ》の小説』（読み方は『掌《てのひら》の小説』でもいい）という短編集に収められた『日向《ひなた》』というごく短いテクストを読んでみよう。

二十四の秋、私はある娘と海辺《うみべ》の宿で会った。恋の初めであった。

娘が突然、首を真直ぐにしたまま袂《たもと》を持ち上げて、顔を隠した。

また自分は悪い癖を出していたんだなと、私はそれを見て気がついた。照れてしまって苦しい顔をした。

「やっぱり顔を見るかね。」

「ええ。——でも、そんなでもありませんわ。」

娘の声が柔かで、言うことが可笑《おか》しかったので、私は少し助かった。

「悪いかね。」

「いいえ。いいにはいいんですけど——。いいですわ。」

娘は袂を下ろして私の視線を受けようとする軽い努力の現われた表情をした。私は眼をそむけて海を見ていた。

私には、傍にいる人の顔をじろじろ見て大抵の者を参らせてしまう癖がある。直そうと常々思っているが、身近の人の顔を見ないでいることは苦痛になってしまっている。そして、この癖を出している自分に気がつく度《たび》に、私は激しい自己嫌悪《けんお》を感じる。幼い時二親や家を失って他家に厄介になっていた頃に、私は人の顔色ばかり読んでいたのでなかろうか、それでこうなったのではなかろうかと、思うからである。

ある時私は、この癖は私がひとの家に引き取られてから出来たのか、その前自分の家にいた時分からあったのかと、懸命に考えたことがあったが、それを明らかにしてくれるような記憶は浮んで来なかった。

——ところがその時、娘を見まいとして私が眼をやっていた海の砂浜は秋の日光に染まった日向《ひなた》であった。この日向が、ふと、埋れていた古い記憶を呼び出して来た。

二親が死んでから、私は祖父と二人きりで十年近く田舎《いなか》の家に暮していた。祖父は盲目であった。祖父は何年も同じ部屋の同じ場所に長火鉢《ながひばち》を前にして、東を向いて坐っていた。そして時々首を振り動かしては、南を向いた。顔を北に向けることは決してなかった。ある時祖父のその癖に気がついてから、首を一方にだけ動かしていることが、ひどく私は気になった。度々長い間祖父の前に坐って、一度北を向くことはなかろうかと、じっとその顔を見ていた。しかし祖父は五分間毎に首が右にだけ動く電気人形のように、南ばかり向くので私は寂しくもあり、気味悪くもあった。南は日向だ。南だけが盲目にも微《かす》かに明るく感じられるのだと、私は思ってみた。

——忘れていたこの日向のことを今思い出したのだった。

北を向いてほしいと思いながら私は祖父の顔を見つめていたし、相手が盲目だから自然私の方でその顔をしげしげ見ていることが多かったのだ。それが人の顔を見る癖になったのだと、この記憶で分った。私の癖は自分の家にいた頃からあったのだ。この癖は私の卑しい心の名残《なごり》ではない。そして、この癖を持つようになった私を、安心して自分で哀れんでやっていいのだ。こう思うことは、私に躍《おど》り上りたい喜びだった。娘のために自分を綺麗《きれい》にして置きたい心一ぱいの時であるから、尚更《なおさら》である。

娘がまた言った。

「慣れてるんですけど、少し恥かしいわ。」

その声は、相手の視線を自分の顔に戻してもいいと言う意味を含ませているように聞えた。娘は悪い素振りを見せたと、さっきから思っていたらしかった。

明るい顔で、私は娘を見た。娘はちょっと赤くなってから、狡《ずる》そうな眼をしてみせて、

「私の顔なんか、今に毎日毎晩で珍らしくなくなるんですから、安心ね。」と幼いことを言った。私に笑った。娘に親しみが急に加わったような気がした。娘と祖父の記憶とを連れて、砂浜の日向へ出てみたくなった。

（新潮文庫より）

いまなら「若い女性」とでも書くところを「娘」と書くところなどに時代を感じさせる文章だが、そのことにはこれ以上触れない。物語のように、先を急ごう。

『日向』は、いきなり「恋の初めであった」と来た。物語の読者なら、ここでこの恋が成就するかどうかだけが興味の中心になるはずである。と言うか、そういうことが興味の中心になるような読み方を、物語的な読み方といま定義しているのだ。だから、物語の読者は先を急ぐ。極端な場合には、〈それからどうした?〉〈それからどうした?〉と繰り返しながら、途中は読み飛ばしてでも、あるいは会話の部分だけ拾い読みしてでも、結末に出来るだけ早くたどり着きたいと思うだろう。そして「私の顔なんか、今に毎日毎晩で珍らしくなくなるんですから、安心ね」という、実質的なプロポーズとしか受け取れない「娘」の言葉を読んで、「安心」する。

物語の読者はお決まりの結末が好きなのだ。お決まりの結末だからこそ、先を急ぐことができるのでもある。テレビドラマでもあるだろう、結末がわかっているのに見てしまうことが。いや、結末がわかっているからこそ「安心」して見てしまうことが。それが、物語の読者だ。

一方、小説の読者は、大袈裟に言えば、あらゆるところに〈なぜか?〉という問いを仕掛けていく。すぐ答えられる問いもあるし、なかなか答えられない問いもあるし、まったく答えようのない問いもある。それにもかかわらず、〈なぜか?〉〈なぜか?〉と問うことを止められない読者、それが小説の読者だ。『日向』の場合なら、「なぜ、「私」は他人の顔をまじまじと見つめるのか」という問いならすぐに答えられる。テクストがそれに答えているのだから。一方、「なぜ、「私」はこの「娘」に恋をしたのか」という問いにはどうやっても答えようがない。それはあまりにも頓珍漢な問いだからだ。

すぐれた小説の読者は、いま発した二つの問いの間《はざま》にあるような問い、つまり「なかなか答えられない問い」をテクストに巧妙に仕掛けていくものだ。もちろん、「なかなか答えられない問い」は「まったく答えられない問い」ではない。考えようによっては答えることの出来る問いなのである。そして、それに答えることによってテクストはより深く読み込まれる。そういうレベルにある問いだ。このことは、序章で述べた〈ほどよい省略が行われ、ほどよい謎が仕掛けられている小説がすぐれた小説だ〉という趣旨と対応している。ここでは、「ほどよい〈なぜか?〉という問いかけが出来る読者がすぐれた読者だ」と言っておこう。

ただし、研究者は少し事情が違っている。「ほどよい問い」で満足していたのでは、一般の読者と同じレベルの読み込みしかできないからだ。研究者にとっては、「まったく答えようのない問い」に出来るだけ近づいた「なかなか答えられない問い」が、最も優れた問いだと言えるだろうか。それはほとんど「誤読」に近いが、「誤読」に少しでも触れる冒険を経験しないような読みは、研究者にとっては読みの名に値しない。研究者はたとえてみればテストパイロットのようなもので、テクストの可能性を限界まで引き出すのが仕事の一つだからだ。それがトリッキーだと感じるようでは、研究者の資格はない。

†物語と小説とは違う

ところで、一つのテクストが物語にも小説にも読めるのなら、テクストそれ自体には物語と小説との違いはないのではないかという疑問も、当然出てきそうだ。ここが、先に十分に説明しきれないと言ったところなのだが、こういう疑問に対しては、その通りだともそうではないとも言えるのだ。

仮に、そうではないという立場に立ってみよう。そうすれば、テクストにも、主に〈それからどうした?〉という問いを満足させるために書かれたもの（すなわち物語）と、主に〈なぜか?〉という問いを満足させるために書かれたもの（すなわち小説）とがある、と言っておかなければならないことになる。物語は「速度」に身を任せ、小説は「速度」に抗う。小説は読者にできるだけ時間をかけさせるように、表現それ自体が自己主張することも少なくない。読者は「なぜこの表現なのか?」と問いながら読むことになるだろう。その結果、小説の究極の形では、物語文は成立しない。それほど〈それからどうした?〉という問いから離れてしまった小説もあり得るのである。もちろん、その中間に位置するようなテクストも無数にあるだろう。これは、感じでしかわからないこととなのだ。

そこで第二部では、物語と僕が判断したテクストから始めて、次にその中間の物語的小説とも小説的物語とも言えそうなテクストを置き、最後に小説と僕が判断したテクストを配置してみた。これらを順に読んで、物語と小説との違いを感じてほしいのである。

さて、ここで国公立大学二次試験の受験者にとって切実な問題に触れておこう。国公立大学二次試験は物語であれ小説であれ、小説として読む。あるいは、小説として読むような振る舞いをする。考えてもみてほしいが、受験小説に〈それからどうした?〉などという問いは意味を持たない。受験小説にあっては〈なぜか?〉という問いだけが意味を持つのだ。その上で、国公立大学二次試験は物語であれ小説であれ、どこにどのレベルの〈なぜか?〉を仕掛けるかで、問題の難易度と質とが決まるのだと言っておこう。言うまでもなく、受験小説では出題者も文学的感性が試され、能力が値踏みされる。

最後に、『日向』に戻っておこう。僕ならどこに〈なぜか?〉という問いを仕掛けるか。僕がこのテクストを受験小説として出題するなら、たった一カ所「ところがその時、娘を見まいとして私が眼をやっていた海の砂浜は秋の日光に染まった日向であった」(二・二一行目)に傍線を引き、〈なぜか?〉とだけ聞く。「祖父の記憶が蘇ったから」と答えたのでは間違っている。祖父の記憶が蘇ったのは、この「私」の仕草のあとなのだから。

僕ならこんな風に答える。「この時「私」の身体は祖父の仕草をなぞっていて、あたかも自分と祖父とを重ねているように読める。もしそう読めるのなら、「私」はこの恋によって不幸な自分の過去を救おうとしているだけでなく、不幸だった祖父をも救おうとしているのではないだろうか。そういう「私」の無意識がこの仕草にあらわれたのである。」と。少しだけトリッキーでしょう？　研究者としての習いみたいなものが、こういう読み方をさせるのだ。でも安心してほしい。国公立大学二次試験にはこういうトリッキーな〈なぜか？〉はほとんど仕掛けられてはいないから。でも、まったくないわけではないようだ……。

さて、実際に国公立大学二次試験を解いてみよう。はじめは、岡山大学（二〇〇二年度）の問題で、出典は津村節子『麦藁帽子』から。物語を小説として読もうとして設問がいかに努力しているか、感じ取ってもらえるだろうか。それから、これはちょっと高度な読み方の出来る物語だから、面白い試みもしてみようと思う。

【過去問⑤】血統という喜び

次の文章は、貢・志津子夫婦が、三歳になる孫の貢一に会うまでを描いたものである。貢一は、夭《よう》折《せつ》した一人息子慶一郎と愛人との間に生まれた子である。貢・志津子夫婦は、慶一郎の三回忌が過ぎて初めてその存在を知らされる。これを読んで後の問に答えなさい。

志津子は、(1)溢《あふ》れ出る涙を拭《ぬぐ》った。

自分たちに、孫がいる。慶一郎の血をひいた子供がいるのだ。その子を見たい。出来れば、この手で抱きしめたい……。

住職夫人は、秘密を守る約束をしているのだから、正式に会わすわけにはいかないが、まず、よそ目にちょっと見ることぐらいはいい、と言った。貢一の将来のこともあるし、折を見て女に話をし、いずれ対面する機会を作るから、という彼女の言葉に希望をつなぎ、二人は寺を辞した。

「あなた、桜があんなにきれい」

志津子は、寺の境内の桜を見廻《まわ》しながら、はずんだ声で言った。(1)生きていることも、悪くない、とステッキをついている貢の手を、上からにぎりしめた。

翌月、命日の次の日に、二人は寺に行った。女が来るのは、大概二時頃だという。

山門の見える庫裏の窓の障子を少し開け、二人は息を詰めるようにして女と貢一が現われるのを待った。

「いつも、命日の翌日でしょうか」

「雨の降る日は、その翌日になったこともありましたが、それ以外は必ず御命日の次の日です」

「時間も同じ頃ですか」

「はい、いつも二時前後に決っています」

しかし、夕方近くなっても、二人は現われなかった。

志津子は落胆し、明日また来てもよいか、と住職夫人に頼んだ。何か差支えでもあったのだろう。

翌日も、翌々日も、女は寺に現われなかった。

貢一が風邪をひいたとか……。そう思うと、もう心配で胸が痛む。

「どうしたのでしょう。私たちが待っていることを察知したのでしょうか」

「そんな筈《はず》はありません。やはり何か差支えが出来たのでしょう」

いつ現われるかわからないのに、毎日寺に通うわけにはいかない。自分たちはどうせすることもないのだが、寺が迷惑だろう。二人は翌月の命日の次の日に期待をかけて待つことにした。

が、翌月も、やはり女と貢一は姿を見せなかった。もうこのまま会えないのではないか……。

そう思うと、志津子は居ても立ってもいられぬ思いだった。

「どうしたんでしょう。何かあったのかしら」

不吉な予感で、胸が騒ぐ。

「もう少し早く、教えて下さったら」

親切な住職夫人のことさえ、恨めしく思う。

「そんなことを言うものではない。われわれの血を引いた者が、この世にいることを知っただけで倖《しあわ》せだと思わなければ」

「それだけでは満足出来ないわ。この眼で確かめ、この手で触ってみなければ……」

志津子は、(2)なまじ孫の存在を知ったことのほうがつらい気がした。

住職夫人から電話があったのは、それから一箇月近く経《た》ってからであった。寺に来て欲しい、と言うので、二人は着替えをする間も惜しく、家を出た。

「現われない筈でした。あの人は郷里に帰ったのです」

住職夫人は、一通の手紙を差し出した。

> 御連絡もせず、郷里の小豆島へ帰ってまいりました。母が軀《からだ》をこわし、仕事が出来なくなりましたので、家の手伝いをせねばなりません。慶一郎さんの思い出が残る東京を去る決心はなかなかつきませんでしたが、貢一を抱えて勤めを続けるのも限界があり、島で家業を手伝いながら育てたいと思います。
>
> いろいろとお世話さまになり有難うございました。家で作りましたそうめんを少々お送り申し上げます。慶一郎さんの好物でした。
>
> どうぞお元気でお過し下さいませ。

貢と志津子は、頭をつけるようにして手紙を読み終えた。

差出人の名は書かれていなかった。

「封筒に名前は」

「封筒にも書いてありません。でも、手がかりはあります。これが、そのそうめんです」

住職夫人は、小豆島から送られて来たそうめんを示した。

「家で作ったそうめん、と書いてあるでしょう。箱に、製造元の住所と屋号が書いてあります」

「あなた、すぐ小豆島へ行きましょう」

志津子は、(3)貢の両手を取って叫んだ。

貢は、お寺さんの立場もある、とためらったが、やはり孫を一目見たい、という気持は抑えかねている様子であった。志津子は貢を説得し、岡山行の新幹線の切符を買った。小豆島は、岡山からフェリーが往復しているという。

グリーン車に並んでかけ、窓外に目をやりながら、志津子は三歳になるという貢一の顔や姿を思い描いた。親戚《しんせき》にも、近所にも、三歳ぐらいの男の子がいないので、背丈がどのくらいか、どのくらいのことを喋《しゃべ》るのか見当がつかない。

「慶一郎のことを思い出してみればいいじゃないか」

「そんなことを言ったって、四十年も前のことですよ。覚えてなんかいないわ」

「男の子だから、慶一郎に似ているだろうな」

「わかりませんよ。男の子は女親に似ると言うから」

その女親がどんな女か、皆目わからないのだ。

「突然行って、驚くでしょうね」

「しかし、どうすればいいんだろう。先方はあくまで秘密にしてきたのだからな」

「だけど、おじいさん、おばあさんが会いに行ったって困ることは何もないでしょう。その人に迷惑をかけることはないと思うわ。秘密にしてきたというのは、あくまでこちらの家庭にひびを入れさせたくない、という配慮だけなんでしょうから」

「慶一郎も若死だったが、せめて子供の可愛《かわい》さを知ったことは、倖せだったな」

新幹線が近くを通過するのを見ると、恐ろしいようなスピードだが、志津子は岡山までの時間が途方もなく長く感じられた。

漸《ようや》く岡山駅に着いた。二人は駅前からタクシーで港まで行き、フェリーに乗り込んだ。瀬戸内海は波頭をきらめかせ、数多くの島影を浮べている。

これが小豆島かと思えるような大きな島を行き過ぎ、やがて濃い緑で覆われた陸地が近づいて来た。船は深くくびれた湾内に入り、速度を落とした。土庄《とのしょう》港の船着場が次第に近づき、エンジンの音が止《や》んだ。

遍路の島というイメージを抱いていた志津子は、観光地として整備された近代的な港のたたずまいに驚きながら、貢と前後して桟橋に降り立った。

三時を廻っていたが、島はまだ陽射《ひざ》しが強かった。土産物屋がはいっているターミナルビルの前に、タクシー乗場があった。運転手に、そうめんの箱に記されていた名を告げる時、そんな店はない、と言われはしないかと、胸を固くしたが、運転手は無造作に、はい、わかりました、と答え、志津子をほっとさせた。

海岸から少しはいったところで、車が停《とま》った。木造平屋の工場風な建物があり、それが目的の家であった。

「少し待っていて貰《もら》えるかしら。長居はしないから」

志津子は運転手に言い、土産を手にして車を降りた。

「土産は、あちらの様子を見てからのほうがいいのではないか」

貢が言った。先方が、この突然の訪問を歓迎しないこともあり得る。

「その時は、その時ですよ」

貢一への玩具はとにかく、初めて人の家を訪問するのに、手ぶらというわけにはいかない、と志津子は二つの包みを抱えて先に立った。気がはやり、足が思わず速くなる。

工場と思われる建物に近づいて、声をかけた。が、誰も出て来ない。

建物の裏手の方へ廻ると、そこは広場になっていて、白い滝のようにそうめんが垂れていた。志津子はその情景に一瞬見とれた。

いちめんの白い滝を見渡すと、その下に小さな麦藁《むぎわら》帽子が動くのが見えた。しゃがんで何かしていた男の子が、人の気配を感じたのか立ち上ってこちらを見た。その顔に、幼い頃の慶一郎の面影があった。

志津子の(2)目に涙が溢れ、視野がぼやけて男の子の顔が見えなくなった。

周囲から湧《わ》き上るような蟬《せみ》の声に包まれ、志津子はその場に立ちつくしていた。

（津村節子「麦藁帽子」による）

問一　傍線部(1)「生きていることも、悪くない」と思ったのはなぜか。孫の存在を知る前の状況を踏まえて答えなさい。

問二　傍線部(2)「なまじ孫の存在を知ったことのほうがつらい気がした」のはなぜか、その心境を説明しなさい。

問三　傍線部(3)「貢の両手を取って叫んだ」志津子の態度を貢と比べ、二人の心情の表し方の違いを説明しなさい。

問四　本文中の、住職夫人に送られて来た「そうめん」と孫に会う場面の「そうめん」とでは、作品に果たしている役割が相違する。その違いについて具体的に説明しなさい。

問五　波線部(1)「溢れ出る涙」(2)「目に涙が溢れ」について、涙を溢れさせる要因の違いを説明しなさい。

---

†典型的な物語

これは間違いなく物語だと、誰もが感じてくれるだろうか。「孫に会えるのか?」——それだけがこのテクストの読者が持つ興味の行方であって、きっと会えるというお決まりの結末もはじめからわかっている。読者はわざわざ〈それからどうした?〉と問う必要もないくらいに、読み始めたときからすでに十分に結末を知っているのである。その意味で、作者の工夫は、すでに結末を知っている読者を適度に焦らしながら、結末でどのような形で孫と会わせるかという一点にあったと言っていい。結末部はイメージも鮮やかで、物語としてみごとに成功していると思う。

序章で確認したように、物語とは主人公がある状態から別のある状態に移動したり(「〜する物語」)、ある状態から別のある状態に変化したり(「〜なる物語」)するものなのである。『麦藁帽子』は主人公の老夫婦が孫に会えていない状態から会えた状態に移動したのだから、「〜する物語」となるわけだ。そうである以上、物語文も簡単である。「老夫婦がはじめて孫に会う喜びを得る物語」というごく単純なもので一向にかまわないのだ。この物語文で設問は解けてしまう。実は、設問もこれが(小説ではなく)物語であることは十分に意識していて、特に問五は物語の「はじめ」と「終わり」の違いを問うものになっている。

そういうことも含めて、この設問は物語としての『麦藁帽子』の正味のところを適切に押さえている。難易度も、物語として読む限り、国公立大学二次試験としてはやさしい部類に属するだろう。

いま、僕は「物語として読む限り」という微妙な言葉を書き込んだ。物語として読む限り「老夫婦がはじめて孫に会う喜びを得る物語」、すなわち、息子を若くして失った老夫婦が、実は愛人と息子との間に子供がいたことを知り、矢も楯もたまらず会いに行き、めでたく会えた美しい涙の感動物語ということになる。これが、物語として読むときの読み方だ。しかし、僕たちの理解によれば、一つのテクストを物語として読むことも小説として読むことも出来るのだった。

†反転する物語

実は、僕にはどうも気になるところがいくつかあるのだ。それは『麦藁帽子』というテクストにとってはノイズ（直訳すればもちろん「雑音」だが、文学理論では「テクストを一つの物語に読むことを妨げるような細部の表現」のことを言う）かもしれないが、いくつかのノイズが結びついてもう一つの物語を織り上げることもある。

たとえば、孫の名前だ。父親は慶一郎なのに、孫は祖父の貢という名を継いで貢一（「こういち」と読ませるのだろうか）と名付けられているのである。同じ名前を織り込むにしても、なぜ慶一郎は自分の息子に「慶」という字を織り込まなかったのだろうか。不思議と言うほかない。この家は、よほど血統に対する意識が強かったのではないだろうか。正妻との間に子供がなかったので、慶一郎はなおのこと血統を意識し、密かな家の跡継ぎとして、「愛人」との間に設けた息子に自分の父の名を織り込んだのではないだろうか。

そう考えると、「自分たちに、孫がいる。慶一郎の血をひいた子供がいるのだ」（二行目）という一節も、息子の慶一郎を想う「純粋」な感動の言葉としてだけ読むことは出来なくなってくる。

「血をひいた」という部分が妙に引っかかるのだ。この老夫婦の密かな関心事は、息子のではなく、家の「血の継続」ではないのか。案の定、「慶一郎の血をひいた子供」という言葉は、やがて「われわれの血を引いた者が」(三十二行目)という言葉に変わるのだ。

さらに、「貢一の将来のこともあるし」(五行目)というところには、家の継続のために、老夫婦が貢一を引き取りそうな感じさえある。もちろんそういうことを考えつくのは、この老夫婦に「グリーン車」(六十二行目)に乗るだけの生活上のゆとりがあるからだ。いつの時代も、血の継続などということを考えるのは、子供に譲るだけの財産のある金持ちに限られるものだ。

もう一つ気にかかるのは、テクストが(ということは語り手が)慶一郎の「愛人」を「女」と呼び続けていることだ、「女性」ではなく。これは語り手の責任だが、老夫婦の無意識を反映してはいないだろうか。「男の子だから、慶一郎に似ているだろうな」「わかりませんよ。男の子は女親に似ると言うから」(六十七〜六十八行目)という老夫婦の会話は、ただそれだけの意味しか持たないのだろうか。「女親」などに似ていてほしくないのではないだろうか。老夫婦が会いたいのは、息子とある女性との間に出来た子供ではなく、慶一郎だけの子供ではなかっただろうか。

ところで、「女」が決まって「命日の次の日」(十一行目)に慶一郎の墓参りに来る理由は、君たちにはわかるだろうか。ほんとうは命日に来たいのだ。でも、命日に来たのでは慶一郎の親戚の者と鉢合わせになる可能性がある。前の日では墓参りがわかってしまう。そこで、「命日の次の日」を選んでいるのだ。「愛人」として生きた「女」の気遣いが、そこには見える。しかし、本文には老夫婦が「女」を気遣った言葉は書き込まれてはいないのだ。かつて結婚した女性は、子供を産むだけの存在意義しかないという意味で、「借り腹」という残酷な言葉で語られたこともあったが、ここはまさに(「愛人」ではあるけれど)そういう感じがする。

ずいぶんたくさんの疑問形の文章を重ねながら僕の言いたかったことは、『麦藁帽子』にはもう一つの物語が織り込まれているのではないかということだ。それは「老夫婦が自らの血統の継続を確認する物語」である。この物語を「老夫婦がはじめて孫に会う喜びを得る物語」と比べてみると、老夫婦の確認したいことが「慶一郎の血をひいた子供」から「われわれの血を引いた者」へ移ることがわかる。息子愛の物語が家の物語(すなわちそれは「血の物語」でもある)へと読み換えられたと言ってもいい。

極端に言えば、「老夫婦がはじめて孫に会う喜びを得る物語」から引き出せるのは老夫婦の愛情であり、「老夫婦が自らの血統の継続を確認する物語」から引き出せるのは家のエゴである。愛の物語がエゴの物語に反転する(ひっくり返る)のだ。もちろん、この老夫婦はそのどちらの物語も同じように生きている。人間とはそういう複雑なものなのだから。

ただ、ここまで『麦藁帽子』を読み込んでくると、孫がいれば息子はいらないとまでは言わないが、息子の慶一郎がまるで「家」の繋ぎ役のようで哀れな感じさえしてくる。「家」とはいったい何なのだろうか。たとえば、幸か不幸か資産家の家に生まれた君たちの何人かは、いずれ「家」のための結婚を迫られる可能性が高いだろう。「家」とは「個人」を超えた残酷な力を働かせる何かなのだ。

さて、「老夫婦が自らの血統の継続を確認する物語」を織り上げるには「なぜ、孫の名は貢一なのか」とか「なぜ、老夫婦は血にこだわるのか」とか「なぜ、語り手は「愛人」を「女」と呼び続けるのか」とかいったたくさんの「なぜ？」を積み重ねていく必要があった。つまり、できるかぎり小説的な読み方をすることが、一見ノイズと見える細部からもう一つの物語を織り上げさせたのである。いや、二つの物語を紡ぎ出せる『麦藁帽子』は小説なのかもしれない……。

もう一つの物語を織り上げるためには、「家族愛の物語」という読みの枠組に対して、ある段階で「血統の物語」という読みの枠組を設定して（こういう読みの切り替えが出来るかどうかは、経験と努力と才能が関わる）、さまざまなノイズを拾い上げ、物語としてまとめ上げていく作業を繰り返す必要がある。その結果炙り出されてきたのが「老夫婦が自らの血統の継続を確認する物語」であった。研究者としての僕は、いつもこうしてテクストを読んで来たのだ。

しかし、受験小説では『麦藁帽子』を「老夫婦が自らの血統の継続を確認する物語」と読むことはまずないだろう。受験小説では道徳的な枠組でしか物語を作れないのだった。——いま僕たちは『麦藁帽子』を二度読んで、もう十分に楽しんだから、ここで設問を解こう。

†道草は可能か

設問は「気持ち」を聞くものが多いが、「書かれてないこと」を深く問うものはなく、情報処理型に近い（**法則④**）。

問一。「ステッキをついている」（九行目）貢は、すでに体がずいぶん弱っているようだ。そればかりか、「生きていることも、悪くない」とまで言うのだから、一人息子を若くして失って生きる気力も失いかけている様子だ。設問がはっきりと情報処理しなさいと言っているようなものなので、こういう事情を踏まえて答えると、「一人息子を若くして亡くし、生きる望みも失いかけていたところに、息子の血を引く孫がいることを知らされ、生きることに喜びを感じたから。」とでもなりそうだ。

では、意地悪く「老夫婦が自らの血統の継続を確認する物語」から答えたらどうなるか。「一人息子を若くして亡くし、これで家の血も途絶えると生きる望みも失いかけていたところに、自分たちの血を引く孫の存在を知らされ、家の存続に希望を持てるようになったから。」これだと、受験小説ではたぶん減点されそうな気がする。君たちも、そんな気がしません？　もしそういう気がしたら、君は受験小説にかなり毒されているみたいだ。

問二。これは、感情移入すれば簡単なはず。「孫がいないと思えば諦めもつくが、いったん孫の存在を知ってしまった以上、会って触れて確かめることが出来ないのは、かえってもどかしく、苦しみが増してしまうから。」これ以上は詳しく説明できないだろうから、これで減点されることはないと思う。この設問では、道草は食えない。なお、「なぜか」と聞かれたら必ず「〜から」と答えること。これは、受験国語の初歩的注意。

問三。「寺が迷惑だろう」(二十五行目)とか「お寺さんの立場もある」(五十九行目)とか、貢は寺側の立場をずいぶん気遣っている。問三は、こういうところをまとめなさいという情報処理型の設問。「志津子はストレートに喜びを表現するのに対して、貢は他言はしないという「女」との約束を守ろうとする寺の立場に配慮して、ストレートに喜びを表に出すことを控えている。」こういう風に、男性の方が社会のルールを重んじ、女性の方が感情の赴くままに行動するのは、ある時期までの小説ではお決まりのパターンだ。

問四。そうめんという小道具の役割を問うことで、この小説の面白さを引き出そうとした苦心の設問だ。もっとも、こういうことが面白いと思うかどうかは趣味の問題だが。「住職夫人に送られてきた「そうめん」の方は簡単に答えられるが、「孫に会う場面の「そうめん」」の方は何を答えればいいのか、戸惑う。イメージが鮮明でみごとなので、そのことでも答えておくしかなさそうだ。「住職夫人に送られてきた「そうめん」の方は、孫の住所を知らせる小道具としてその後のストーリーの展開を早めるが、孫に会う場面の「そうめん」は、孫に会えた志津子の感動

を鮮明に印象づけるだけでなく、孫がたしかに「そうめん」を作る「女」の仕事に守られている
ことをもシッカリと印象づけ、孫が老夫婦と「女」との両者に大切にされるであろうことを、時間を止めて読者に伝えている。」

苦心の解答だ。特に傍線部は、この物語の中でないがしろにされている感じのある薄幸の「愛人」のために僕がひねり出した一節で、「愛人」が自分の手で仕事をして、この孫を（と言うか、自分の息子を）シッカリ育てていることを「そうめん」から読み取ろうとしたのだ。だから、物語から見れば道草に近い。受験小説の答案では書かなくてもいいところだとは思う。でも僕なら書く、「愛人」のために。

問五。先に述べたように、物語の「はじめ」と「終わり」とを意識した設問である。やさしい。「波線部(1)の涙は亡き一人息子の血を引いた孫がいることを知った喜びが要因になっており、波線部(2)の涙はその孫が息子の面影を残していて、たしかに息子の子供であると自分の目で確認できた喜びが要因となっている。」やさしい設問だからこそ、それぞれの情報をもれなく書き込むことを忘れないように注意したい。

次の二題は典型的なリアリズム小説、いや反転させることも出来ないほどかっちりとしたリアリズム物語からの出題。したがって、設問は「気持ち」を問うものばかりだ。だから、情報処理

を丁寧に（**法則④**）。まず、福島大学（二〇〇〇年度）から。出典は吉村昭『ハタハタ』による。読者に「気持ち」を読み取らせるツボをよく心得た（つまり、「ほどよい省略、ほどよい謎かけ」のやり方を心得た）、上手い書き手による物語だ。

【過去問⑥】貧しさは命を奪う

五年ぶりでハタハタの豊漁の期待に緊張している東北の貧しい漁村で、雪と嵐の中を湾内に張った定置網を取り込みに向かった俊一の祖父と父は高波のために遭難し、祖父の遺体は収容されたが、父はまだ発見されない。

正午近くに、俊一は家へ帰った。漁師や村落の女たちが、磯《いそ》にたたずむ俊一の体を休ませようとして家に帰ることをすすめ、仏になった祖父のもとに行くべきだと言ったのだ。

俊一は、母のいいつけにそむくことを恐れたが、家に入った俊一を母はただ一瞥《べつ》しただけでなにも言わなかった。

祖父は、顔を白布でおおわれてふとんに横たわり、その枕もとには線香がゆらいでいた。近所の漁師の妻たちが家につめていて、漁師たちも焼香のためにやって来ている。千代は、多くの人々が出入りすることに興奮して上気した顔を輝かせていた。

時計の針が二時をさした頃、俊一は、にわかに磯の方向から異様なざわめきが起るのを耳にした。駆けながら甲高い声で叫んでいるような人声もきこえてくる。

俊一は、あらたに遺体が発見されたのかと耳をすましたが、鋭く交差してきこえてくる人声にはなにか興奮しきった明るさのようなものが感じられる。そしてそれは、村落全体のどよめきとなって果てしなくひろがってゆくようだった。

家にいた男や女が、いぶかしそうに腰を上げると戸外へ出て行った。と、村道の方からなにか叫ぶ声がきこえると、たちまち家の前でもたかぶった声が乱れ合った。そして、一人の女が家へ走りこんでくると、

「来た、来た。ハタハタがミシミシやって来た」

と、眼を血走らせて叫んだ。

家に残っていた者たちが、はじかれたように立ち上がった。

「湾の入口から流れこんできているそうだ。今舟が報《しら》せに帰って来た」

女が喘《あえ》ぎながら言った。人々は、外へ走り出た。

俊一もそれにつられて戸外に出ると、海に眼を向けた。が、いつの間に降り出したのか霙《みぞれ》が視界をとざしていて、湾の海面に異常を見出すことはできなかった。

家に入ると、祖父の枕《ちん》頭には母が座っているだけで人々の姿は一人のこらず消えていた。そして、千代も柱にもたれて、祖父の横たわっているふとんをうつろな眼でながめていた。

ハタハタが、村落の期待通りにやってきたのだ、と俊一は胸の中でつぶやいた。沖合で回遊しなが

ら機をうかがっていたハタハタは、シケに乗って海岸線に突き進み、村落の前面の湾を産卵場所にえらんだのだ。

俊一は、一層たかまってきた村落のどよめきに耳を傾けた。しかし、ハタハタがやって来ても、自分たちにはすでになんの関係もなくなっている。祖父は遺体となって横たわっているし、父は今もって冷たい海中に身を没したまま発見もされていない。

俊一は、母の横顔をぬすみ見た。母は村落から湧《わ》き起る人声に耳を傾けているのか、壁の方に眼を向けたまま身じろぎもしなかった。

村落は、大きく揺れ動いているように思えた。俊一は、気分が落着かず再び家の外へ出てみようと思った。そして出口ちかくまで行った時、不意に背後から、

「出るんじゃない」

という母の鋭い声がした。Aふり向いた俊一は、そこに顔をひきつらせている母のけわしい表情を見た。

俊一は、顔を赤らめた。祖父と父を失った悲しみの中で村落の殷賑《いんしん》にふれようとした自分が、ひどく不謹慎なものに思えた。

俊一は、部屋の隅に膝をそろえて座った。B涙はみせないが、母は、深い悲しみとたたかっているのだ。

千代が、居眠りをはじめた。母は、黙って立つと千代を炉端に横たえ掻巻《かいま》きをかけてやった。

三十分ほど経《た》った頃、隣家に住む漁師の妻が無言で入ってきた。Cその顔には、放心したような表

情が色濃くうかんでいた。

「ハタハタが来たんですね」

D母が別人のようなおだやかな表情で声をかけた。

「海の色も変ってきたよ。でもね、遭難者がまだ見つからないというのに漁どころじゃないからね。漁協の事務所で今話し合いをしているのだそうだが……」

女は、複雑な表情で言うと、家から持ってきたらしい野菜を手にして台所へ入って行った。

いつの間にか村落からきこえていた人声も徐々に弱まって来ていて、波の音が再び高くきこえるようになった。村落の人々は、父と他《ほか》の一人の遺体捜索がハタハタ漁よりも優先しなければならぬものであることに気づいたのだろう。

俊一は、満足感に似たものをおぼえた。ハタハタの到来は、村落全体の待ちこがれていたものにちがいはない。しかし、父の存在は、当然それよりも重要なものとして扱われなければならないはずだ。俊一は、再び静けさをとりもどした村落の気配を小気味よいものに感じていた。

俊一は、母の横顔をうかがった。が、母の顔には、俊一の予想に反してなにかしきりに思案しているらしい険しい表情が浮かんでいた。

かれは、母の表情をいぶかしんだ。母は、父の遺体捜索が続けられることに安堵を感じていいはずなのに、母の顔にはその翳《かげ》すらみられない。

E「ついてこい」

母が不意に立ち上がると、合羽《かっぱ》を身にまとった。

俊一は、母がどこへ行こうとしているのか理解ができなかった。再び磯に出て線香を手に、波打ち際を往《い》き来しながら父の遺体の上がるのを待とうとするのかも知れぬと思った。

母は、弧をえがいた村道を小走りに歩いて行く。その後ろ姿には切迫した緊張感がにじみ出ていた。

人家がきれると、左方に海がひらけた。

その地点まできた時、母の足がとまった。俊一は自然と母の視線の方向に眼を向けたが、かれの足も釘づけになっていた。

海は、いつもの海とは異なっていた。深い青みを帯びた海水は淡褐色に変化し、それは湾全体を染めている。しかもその海面は不気味な動きをしめし、大きくうねる波にも重々しい奇妙な起伏がみられる。

ハタハタは、湾内に充満している。海水の青さはハタハタの肌の色に塗りつぶされ、波のうねりもおびただしいハタハタの群をふくんで動いているのだ。

F 海面を見つめていた母が、再び歩き出した。が、母は磯へは下りず人家の間の露地に足をふみ入れると、古びた木造建の建物に近づいてゆく。その周囲には、漁師が寄り集り、苛《いら》立った表情で声高に話し合っていた。しかし、母の姿に気づくと、かれらは一様に口をとざし身を寄せて道をひらいた。

母は、顔を伏しながらその間を通りぬけると、建物の入口から身を入れた。その後から敷居をまたいだ俊一は、人の体でふくれ上がったすぐ前の部屋から、

「死んだ者は、もどりはしねえじゃねえか。生きているおれたちのことを考えてくれや」

という甲高い声がきこえてくるのを耳にした。

俊一は、漁業組合の事務所に殺気立った空気がはらんでいるのを感じた。しかも、その話の焦点が父と他の一人の死体収容にあるらしいことに、一層身のすくむのを意識した。

母は、入口をふさいだ人々に慇懃《いんぎん》に声をかけ、空間をあけてもらうと部屋の中へ身を入れた。急に人声が鎮まり、部屋の中を埋めていた人々の視線が母に注がれた。

かれらの顔には、激しい議論を交わしていた火照りが妙なこわばりとなって残り、ひどく気まずそうな表情が浮かび出ていた。

母が頭を下げると、部屋の中央に座っていた組合の役員たちがぎごちなくそれに応《こた》え、母の顔を不安そうな眼で見つめた。

母は、顔を伏したまま祖父の遺体を収容してくれた礼を述べてから、

「ハタハタをとってください」

と、ふるえをおびた声で言った。

「父ちゃんは、もう死んでいます。探してくれるのはありがたいが、ハタハタをとることを先にしてください。ハタハタは、これからいつやってくるかわからない。ハタハタをとってください」

母は、一語一語区切るように言った。

深い沈黙が、かれらの間にひろがった。が、俊一は、こわばったかれらの顔にかすかなゆるみが湧くのに気づいていた。

母は、入口から外に出た。

俊一は、無言で歩いて行く母の姿を背後から見つめていた。母の申出は、村落のために父の死体を

冷たい海水の中に放置することを意味する。

俊一は、母のとった行為が正しいのかどうかは理解できなかった。

その夜、祖父の通夜がおこなわれた。が、焼香にやってきたのは、数人の親族だけで、かれらも匆々《そうそう》に家を出て行った。

ハタハタ漁は、母が漁協事務所を出てから三十分もたたぬ間にはじまった。隣村から来ていた警官は、遺体収容を先にすべきだと主張していたが、俊一の母につづいてまだ発見されぬ老漁師の遺族からも同じような申出があったことで、遺体収容の中断を黙認したのだという。漁が開始されると同時に、村落は音と人声の世界に化した。

（吉村　昭「ハタハタ」による）

一　Aについて、「けわしい表情」に込められた母親の心情について説明しなさい。

二　Bについて、母親が「深い悲しみ」と「たたかっている」とはどういうことか、説明しなさい。

三　Cについて、隣家の漁師の妻の「放心したような表情」は、村人のどのような心理を表しているか、説明しなさい。

四　Dにおける母親の表情には、その心の内面でいかなる変化が生じたことを意味しているか、説明しなさい。

五　Eにおいて、母親はなぜ少年である主人公を自分と同行させようとしたのか、説明しなさい。

六　Fについて、「海面を見つめていた母が、再び歩き出した」ことから、母親のどのような心理を読み取ることができるか、説明しなさい。

七　Gについて、漁業組合の役員たちが、「母の顔を不安そうな眼で見つめた」のはなぜか、説明しなさい。

八　Hについて、母親が自分の考えを「一語一語区切るように」述べた心情について説明しなさい。

九　Iにおいて、なぜ俊一は母親の行為を理解しようとしなかったのか、その心情について説明しなさい。

†貧しい村で生きるということ

一つ前の津村節子『麦藁帽子』で、「家」という個人を超えた共同体の酷薄さについて触れた。だが、酷薄さということならたとえば村という共同体も変わりがない。人が生きるということは個人を超えた関係の中に身を投じることなのだから、共同体との関係はそのまま人が生きることにつながる。

会社という組織も一つの共同体のようなものだ。組織はまるで一つの生き物のようであって、必ず増殖しようとし、また生き残ろうとする。たとえ、組織の中の人間までもがすべて組織の必要性に疑問を感じていても、組織は潰れない。どんな組織でも、作るよりも潰す方により多くのエネルギーを必要とする。社員に出向を強制し、リストラを強行し、残った社員は残業で苦しむ。組織からはじき出された人間も、組織に残った人間もすべて不幸になっても、それでも組織は生き残ることが「善」なのだ。世の中にはよりよい組織などというものはない。多少ましな組織がある程度のものである。

繰り返すが、それは組織というものが人々の意思を超えた一つの自立した生き物だからだ。組織はほんとうにいやらしいものだが、そういう組織の本質を変えることは、誰にも出来ない。だから、組織を嫌悪し始めたら、僕たちに出来ることは「そこから降りること」だけなのだ。その意味では、会社はまだ「そこから降りること」が出来るからいいのかもしれない。血でつながった「家」は「そこから降りること」が出来ないから、宿命のドラマが演じられるのだ。『麦藁帽子』は間違いなくそういうドラマの一つだった。

『ハタハタ』では、問題文の前説にある「東北の貧しい漁村」という条件が、人々の「気持ち」も母の「気持ち」も、すべて規定している。これが、仮に都会のお祭りかなんかの最中の事故だったりしたら、遺体捜索を怠ってそれを続けることはほとんど無条件で「悪」ということになる。遺体捜索を後回しにすることが許されるのは、ただ「貧しい」からだ。これが、この村の人々が抱えている条件のすべてである。

「貧しいことは豊かなことだ」といった逆説を弄する「知識人」が多いが、僕はそうは思わない。「豊かなことはすべて幸福なことだ」とは思わないが、「貧しい」ことはただひたすら悲しいことだ。『ハタハタ』はそう訴えているように思える。

『ハタハタ』の母も、この「貧しい漁村」という共同体で生きるために決断しなければならなかった。『ハタハタ』はそういう決断までの物語で、少し長いが「母が、夫の遺体捜索よりもハタハタ漁を優先することを受け容れる物語」とでもなる。このテクストでも、興味の中心はいつどういう形で母がハタハタ漁を受け容れるかにあると言っていい。受け容れることははじめからわかっていることだから、受け容れれば物語は終わりを迎える。その意味で、『ハタハタ』は間違いなく物語なのだ。

母が、遺体捜索よりもハタハタ漁を優先しようとする村人たちにいったんは拒絶反応を示しながら、やがてそれを受け容れるまでの「気持ち」の変化を物語の展開に沿って押さえていけば、ほとんどの設問には答えられる。設問は丁寧で、物語の流れに沿って設けられている。難易度は、なかに変な設問が一つ混じってはいるが、国公立大学二次試験として普通のレベルだろう。

†村人たちと顔

さっそく解いてみたいところだが、問題について一言。「にぎわい」という意味の「殷賑」（三十八行目）という言葉には、設問一に関わるので付けたくなかっただろう気持ちはわかるけれど、やはり注が必要だったのではないだろうか。「慇懃」（八十二行目）は、注があってもなくてもいいと思うが。ちなみに、こっちは「丁寧で、礼儀正しい」といった意味。

一。「出るんじゃない」（三十五行目）という言葉を「けわしい表情」をして口にした母の「気持ち」は、もちろん傍線部Aだけからはわからない。ヒントになるところは二カ所しかない。傍線部のすぐ前の「村落は、大きく揺れ動いているように思えた。俊一は、気分が落着かず再び家の外へ出てみようと思った」（三十三〜三十四行目）と、傍線部のすぐあと「俊一は、顔を赤らめた。祖父と父を失った悲しみの中で村落の殷賑にふれようとした自分が、ひどく不謹慎なものに思えた」（三十八〜三十九行目）である。

傍線部の前では、俊一は祖父と父とを亡くしたのに、ハタハタに沸く村の様子をまるでお祭りにでも行くように感じて、ついその様子を見ようとしたのだ。俊一の年齢はよくわからないのだが、子供はいま起きている事態の重みがわからずに、ほかのことに気をとられることがある。母はそれに気づいて「出るんじゃない」と声をかけたのだ。傍線部のすぐあとの俊一の心の動きが、そう解釈をしていることを読者に伝えている。

僕たち読者は、俊一の解釈がそのまま母の「気持ち」だと考えるしかない。そこで解答はこうなる。「自分の父と夫を含む三人の犠牲者を出したにもかかわらず、ハタハタが来たことに沸く村人たちの身勝手さに憤りを感じていたところへ、息子の俊一までもがそのにぎわいに関心を示す素振りを見せたので、事態の重大さを理解できず、自分と深い悲しみを共有しない息子に、激しい怒りの感情を抱いた。」この時母は、「おまえはこの家のものではないのか！」と言いたかったのだろう。

二。傍線部Bのポイントは「深い悲しみとたたかっている」というところだろう。この母は、深い悲しみに身を任せて、ただ泣くことが出来ないのだ。なぜか。村が貧しく、この五年ぶりに豊漁が見込めるハタハタ漁の機会を逃すことは出来ないことを知り尽くしているからだ。繰り返すが、この村の貧しさがこの時の母の「気持ち」を規定している。「祖父と夫を同時に失った悲しみは限りなく深いが、同時に貧しいこの村がこのハタハタ漁の機会を逸することの重大さもわかっているので、悲しみと村人の生活への配慮との間で引き裂かれ、苦しんでいるということ。」こうなる。こういう母を決心させるのは、村人の顔だ。

三。『ハタハタ』は「顔」のドラマだとも言える。顔についての記述が実に多いのだ。理由は二つありそうだ。一つは、言うまでもなく人の顔には心が映るからだ。人は顔から「気持ち」を読もうとするものである。二つは、この狭い村では顔を見れば誰が何を考えているのかが手に取るようにわかるからだろう。それが村という共同体の良いところでもあり、息苦しいところでもある。事実、俊一が母の顔を気にしているばかりでなく（五十六〜六十行目）、心を決めた母はそれでも心の迷いを見られまいとしてか、「顔を伏しながら」（七十六行目）、また「顔を伏したまま」（八十八行目）、村人の間を歩くのだ。村人の心も顔に表れ（八十四行目）、村人も母の顔から心を読み取ろうとする（八十六〜八十七行目）。

この傍線部Cにある隣家の漁師の妻の顔からだけでは、その心は僕たちには読めない。問われても途方に暮れるばかりだ。そもそも「放心」している顔から「気持ち」を読めというのが無理な相談なのである。だって、「放心」とは読んで字の如く、心がここになくてぼんやりしているのだから。

しかし、母にはこの村人の「放心したような表情」が読めたのだ。傍線部C以前の母は「深い悲しみとたたかっている」のだった。しかし、この村人の登場以後、母の様子は変わっていく。これが一つのヒントだ。そして、僕たちにはもう一つ物語文という武器があった。「母が、夫の遺体捜索よりもハタハタ漁を優先することを受け容れる物語」。その転機となるのが、この村人の顔なのである。だとすれば、この村人の顔には「ハタハタが捕りたい」と書いていなければならないはずだ。また、この村人が俊一の家と関係の深いだろう「隣家」の者だということも、重要なポイントだ。「一度に死人が二人も出た隣家の不幸には深く同情するが、ハタハタが来たこの好機を遺体捜索のためにみすみす逃すことも出来ず、困惑してものも考えられないような心理状態。」

四。その時の、母の方の「気持ち」の変化を聞いている。三からの流れで答えやすいはずだ。「それまでは父と夫を失った悲しみに心が決められなかったが、隣家の村人の顔を見て、いまはハタハタ漁を遺体捜索よりも優先しなければならないときだと気持ちが変化したことを意味している。」この後、村人たちが遺体捜索を優先するために静まったことがわかって、ついに母は決断したのだ。

五。これもわかるはずがない。その後の母の行動から「気持ち」を作るしかない。「深い悲しみのときに心がうわつく息子を見て、ハタハタ漁を優先してくれと言いに行く自分の姿を見せることで、人生の厳しさを教えようと思ったから。」「母の行動は正しい」といういかにも道徳的な価値観が作らせた答案である（**法則①**）。

†採点方法を提案する

五の答案は、前半部を一の解答と対応させたつもりだ。そういう受験生の個性をどう採点すればすくい取れるのか。

僕の貧しい体験と知見に過ぎないが、現在受験国語の採点は、一般的に各設問ごとの「専門家」を作って、たとえばある採点者は（あるいはある採点グループは）問一なら問一をすべて採点する方式をとっている。ある採点者は受験生が千人なら、問一のみを千人分採点する一方、他の設問にはまったくノータッチになるのである。ある受験生の答案を、部分的に他の受験生の答案と比較した上で採点するということである。受験である以上当たり前と考えられそうだが、改めて確認するなら、この方式は他者との比較が選抜だという思想によって支えられている。

しかし、選抜の思想はそれだけでは不十分だ。もし個性を育てるという観点に立つなら、ある受験生の最初の設問の解答から最後の設問の解答までを一人の採点者がすべて通して採点する方法を採用する必要が出てくる。なぜなら、ある一つの設問への解答だけを見ると一面単なる「誤答」のように見えても、他の設問に対してもすべて同じような水準で「誤答」が作られているなら、「誤答」の水準によっては正当に評価すべき答案になっている可能性があるからだ。それは「構造化された「誤答」」とも言うべきものであって、出題者の考えつかなかった新しい読みの可能性を含んでいる答案かもしれないのだ。採点者にはそれを見抜く柔軟性と謙虚さが求められる。

事実、「この言葉を説明している一節を本文から抜き出しなさい」といったごく単純に見える設問でさえ、思わぬところから「正解」を抜き出してくる答案が現れて出題者を慌てさせることは、よくあることなのだ。そんな時、「たかだか十名程度の出題者よりも、数千人の受験生の方が頭がいい」とつくづく感じさせられるものだ。個性尊重というならば、ひとりの受験生の答案を始めから終わりまで見て、全体としてどういう物語として読もうとしているのかまできちんと見て採点すべきだ。個性の尊重もかけ声だけでは意味をなさない。それを実現できる採点技術の開発が必要なのだ。

†描写とはどういうものか

六は描写に関わる設問である。母の見た海は、次のように描写されている。

海は、いつもの海とは異なっていた。深い青みを帯びた海水は淡褐色に変化し、それは湾全体を染めている。しかもその海面は不気味な動きをしめし、大きくうねる波にも重々しい奇妙な起伏がみられる。

僕たちはよく「描写」という言葉を使うが、実は文学研究ではこの言葉はきちんと定義されている。たとえば「彼女の顔は赤い」と言えば描写だが、「彼女の顔が赤くなっていった」といえば描写ではないのである。どういうことか。描写とは「何かの事物についての記述ではあっても、その記述によって物語の時間は進行しない記述」なのである。「彼女の顔は赤い」という記述はただの形容だから物語の時間は進行しないが、「彼女の顔が赤くなっていった」という記述は「赤くなっていった」分だけ物語の時間を進行させている。したがって、後者は厳密には描写ではないのだ。

ということは、先を急ぐ物語にとっては描写は不要だということになる。描写は、小説が読者に時間をかけさせるために「発明」した技術の一つなのだ。最近の「小説」に描写がほとんどないのは、実はそれが「小説」ではなく「物語」だからではないのかと、僕は疑っている。描写を丁寧に書き込む作家も、それを時間をかけて読む読者も少なくなってきているのだ。ここに引用した海に関する記述は物語の時間を進行させないから、間違いなく描写である。それも、かなりの専門知識を必要とするみごとな描写である。こういうところを見ると、作家の力量がわかる。

さて、六。ただ海を見てただけという感じもするのだが、設問はここに「気持ち」を読めというのだ。また、もう決意はして家を出ているのだから、いまさら「決意をした」を繰り返すわけにもいかないし、困った。とにかく、海にハタハタが充満するほど来ていることを確認しているわけだ。そこで「湾にハタハタが大量に来ているのを見て、遺体捜索よりもハタハタ漁を優先させるという自分の決断が正しいことを確認した。」としてみた。設問が少し丁寧すぎるというか、ちょっとしつこいんじゃないだろうか。

七。幾通りかの答え方がありそうだ。「甲高い声」（七十九行目）を重視して、「遺体捜索よりもハタハタ漁を優先しようとする自分たちの意見に抗議されるのではないかと思ったから。」とする。これなら、以後の展開が劇的になる。もちろん、その方が物語が面白くて結構なわけだ。全体を緩やかに踏まえて、「ハタハタ漁よりも遺体捜索を優先してほしいと言われるのではないかと思ったから。」とする。もちろん、これでも十分いいはずだ。
八。「遺体捜索よりもハタハタ漁を優先させるという自分の決断を自分自身にも言い聞かせ、自分にシッカリと受け容れさせようとする気持ち。」これこそが「母が、夫の遺体捜索よりもハタハタ漁を優先することを受け容れる物語」のクライマックスである。
九。まったく不可解な設問。こういう設問で合否が決まるなら、人生は不条理である。そもそも、傍線部Iは「理解できなかった」とあるのに、どうして設問では「理解しようとしなかった」となっているのか。全然違うじゃないか！　したがって、答えようがない。いや、答える方がバカである。しかし、合格もしたいのだ。ここは、人生の不条理を忍んで、「なぜ俊一は母の行為が正しいのかどうかが理解できなかったのか」と聞かれたものとして、考えよう。

　とは言ったものの、僕にはわからない。「自分としては遺体捜索を優先するのが正しいと思っているために、村人の生活を優先させる母の決断が人の道に背くものではないかという疑問を捨てきれない気持ちがあるから。」無理矢理設問との整合性を持たせるなら、こうなる。大丈夫か？　福島大学。

　この章の最後は、作中の出来事は深刻だけれども、書き方が深刻でなくユーモアを十分味わえる物語。出題は信州大学（二〇〇一年度）、出典は志賀直哉『赤西蠣太』から。いわゆる伊達騒動に取材した時代小説と言うべき作品。国公立大学二次試験としては、素直な設問でやさしい方だ。少しキツイ問題が続いたから、ここでホッと一息ついてほしい。

【過去問⑦】気づかない恋

次の文章は志賀直哉の小説「赤西蠣太《かきた》」の一節である。この文章を読んで、あとの問いに答えなさい。

なお、登場人物の蠣太は内情を探るために、不忠を計る敵側に偽って奉公している侍であり、鱒次郎も同様の使命を持っている仲間である。この場面では、蠣太は内情の偵察を切り上げて本来の主人の所に戻りたいのであるが、どうやったら疑われずに屋敷を離れることができるかと、二人で話し合っている。

蠣太は黙って弁当を食っている。鱒次郎は肴《さかな》をつまんだり酒を飲んだり、A時々広々とした景色を眺めたりしながら、やはり考えていた。

「どうだい。」鱒次郎は不意にひざをたたいて乗り気な調子で言いだした。「だれかに付け文をするのだ。いいかね。なんでもなるべく美しい、そして気位の高い女がいい、それにきみが艶書《えんしょ》を送るのだ。すると気の毒だがきみはひじ鉄砲を食わされる。みんなの物笑いの種になる。面目玉を踏みつぶすから、きみも屋敷にはいたたまらない。夜逃げをする。——それでいいじゃないか。きみの顔でやればそれにまちがいなく成功する。この考えはどうだい。だれか相手があるだろう、腰元あたりに。年のいったやつはだめだよ。年のいったやつには恥知らずの物好きなのがあるものだから、そういうやつにあったら失敗する。なんでも若いきれいごとの好きなやつでなければいけない。」

蠣太は乱暴なことを言うやつだと思った。しかし腹もたたなかった。そして気のない調子で、

「泥棒するよりはましかもしれない。」と答えた。

「ましかもどころか、こんなうまい考えはほかにはないよ。そうしてだれか心当たりの女はないかね。日ごろそういうことには疎い男だが……。」

蠣太は返事をしなかった。

「若い連中《れんじゅう》のよくうわさに出る女があるだろう。」

「小江《さざえ》という大変美しい腰元がある。」

「小江か、小江に目をつけたところはきみも案外疎いほうではないな。そうか。B小江ならますます成功疑いなくなった。」

蠣太はこれまで小江に対し恋するような気持ちをもったことはなかった。しかしその美しさはよく知っていた。そしてその美しさは清い美しさだということもよく知っていた。今その人に自分が艶書を送るということはCある他のまじめな動機をもってする一つの手段にしろ、あまりに不調和な、恐ろしいことのような気がした。

「小江ではなくだれかほかの腰元にしよう。」

「いかんいかん。そんな色気を出しちゃ、いかん。」こう言った鱒次郎にも今は冗談の調子はなくな

っていた。色気という意味はどういうことかよくわからなかったが、蠣太はどうしても小江にそういう手紙を出すことはいかにも不調和なことでかつ完《まった》き物にしみをつけるような気がして気が進まなかった。しかしもし鱒次郎のいう成功に、若い美しい人がどうしても必要だとすると小江以外に蠣太の頭にはそういう女が浮かんでこなかった。そこで彼は観念して小江を相手にすることを承知した。

「それなら艶書の下書きをしてくれ。」と蠣太が言った。

「それは自分で書かなくてはだめだ。おれが書けばおれの艶書ができてしまう。なにしろ相手が小江だから、おれが書くと気が入りすぎて、ころりとむこうをまいらすようなことになるかもしれないよ。」

蠣太は苦笑した。そして鱒次郎が書くより、まだ自分の書くほうが小江を汚さずに済ませるだろうと思った。

風が出てきたので二人は舟を返した。仙台屋敷はちょうど帰り道だったから蠣太は鱒次郎のところへ寄った。二人は久しぶりで将棋の勝負を争った。

問一　傍線部A「時々広々とした景色を眺めたりしながら」とか、傍線部F「風が出てきたので二人は舟を返した。」とあるようにこの場面は釣りに出た水上での場面である。なぜ、二人は釣りに出たのかその理由を説明しなさい。

問二　傍線部B「小江ならますます成功疑いなくなった。」とあるが、なぜ鱒次郎が「成功疑いなくなった。」と考えたのか説明しなさい。

問三　傍線部C「ある他のまじめな動機」とはなにを指しているのか説明しなさい。
問四　傍線部D「色気という意味はどういうことかよくわからなかった」とあるが、鱒次郎はどういう意味で「色気」といっているのか、説明しなさい。
問五　傍線部E「鱒次郎が書くより、まだ自分の書くほうが小江を汚さずに済ませるだろうと思った。」とあるが、なぜ蠣太がこう思ったのか説明しなさい。
問六　傍線部G「二人は久しぶりで将棋の勝負を争った。」とあるが、この一文によって二人のどういう心理が表現されることになるのか説明しなさい。

†恋は突然始まるものだ

『赤西蠣太』は恋が始まったその時を実に上手く捉えている。しかも、主な登場人物の名前を魚介類の名で統一するなど適度ないたずらも仕掛けてあって、あの忘れられそうな小さな日常の出来事を丹念に書き込んだ私《わたくし》小説作家とは思えない、例の「小説の神様」(志賀の作品『小僧の神様』をもじったもの)と呼ばれた志賀直哉の面目躍如たる一作である。本文として切り取られたところはほんのエピソードだから物語文は作れないが、この後の展開はほぼ予想がつくだろう。無骨な蠣太が意外や意外……。いや、文庫本で簡単に手にはいるから、是非読んでみてほしい。

設問はこの場面のポイントを過不足なく掬い取っている。信州大学はいつもいい感じの小説問題を出す。出題者の中に小説読みの名手がいるのだろう。そこで、僕たちも設問を解いてこの場面を楽しもう。

問一。簡単だ。「屋敷の者に聞かれる心配もなく、密談が出来るから。」夏目漱石の『坊っちゃん』でも、新米教師の〈坊っちゃん〉を味方に引き入れるために赤シャツ一派のやったことは、〈坊っちゃん〉を釣りに誘うことだった。現代では、密談は東京は赤坂の料亭かゴルフ場で行われているのではないだろうか。

問二。ここで言う「成功」とは、蠣太が屋敷に仕える女性に「艶書」（ラブレターである）を送って、みごと振られることを言っている。「小江という大変美しい腰元」（十六行目）と、「きみの顔でやれば」（六行目）と鱒次郎に言われてしまう蠣太とでは釣り合いがとれないこと甚だしいから、「成功疑いなくなった」のだ。「大変美しい小江なら、ぶ男の蠣太を振ることは間違いないと思われたから。」

問三。ここは前説を最大限に利用する。「不忠を計る敵側の内情を偵察し終えたので、報告に戻るために、疑われずに敵の屋敷から夜逃げをする口実を作ること。」自分の口から出た名前とは言え、美しく清い小江を謀《はかりごと》の口実に利用することの後ろめたさが「恋」に変わっていくことに、蠣太自身はまだ気づいていない。「蠣太はこれまで小江に対し恋するような気持ちをもったことはなかった」（十九行目）とあるので、かえって読者にはこれが恋のはじまりだということも、蠣太がそれに気づいていないことも、はっきりとわかる。言葉で否定することは、結局そのことに言及することになるので、常に肯定することと紙一重になる危険性をはらんでいるのだ。

問四。何かをやろうとしている人に、「そんなに色気を出しちゃあ、うまくいかないよ」とでも言えば、「期待以上にみごとにやろうとすると、失敗するよ」という意味になる。ここも同様。鱒次郎は蠣太がほんとうに腰元をモノにしようとしていると思ったのだ。「振られることが目的なのに、蠣太が振られそうもない女性を選んでしまうこと。」

†気づかない振り？

問五。ここは「恋をしたから」と答えてしまってはまずいんだろうな。そう言ってしまえば、一言ですむのに。受験小説は朴念仁《ぼくねんじん》になりきらないといけないのだろうか。学校空間は読書の中の恋も許さないのだろうか。そう、それが隠されたルールだった。仕方がないから、僕たちも蠣太の恋に気づかない振りをして「小江に艶書を送るのは謀のためにすぎないが、あの美しく清い小江に他人の書いた艶書を送るのは、同じ小江の心を踏みにじるにしても、あまりにも誠実さに欠けると思ったから。」とでも答えておこう。いかにも道徳的で結構な答案である（**法則①**）。

でも、気づいたことを黙ってもいられない。そこで「謀のためにふと小江の名前を出してしまったが、小江の美しさと清らかさを思ううちに、自分でも気づかないうちに小江に恋心を抱いてしまっていたから。」と答えたくなってしまったらどうしたらいいのだろうか。少なくとも、こう読んで間違いではないはずだ。「これで減点するならしてみろ！」の心意気でこう書いてみたいものだ。君は、恋と信州大学とどっちを取るか？

問六。「どういう心理が表現されることになるのか」という冷めた聞き方が、いい。ふつうなら「どういう心理が表現されているか」と聞いてしまうところだ。小説の表現に対するこうした意識の高さが、質の高い問題を生むのだろう。

ポイントは傍線部の「久しぶりで」という一語だ。敵方の屋敷に住み込んで心の安まらない日々を過ごしていただろう二人が、「久しぶりで」ゆとりのある時間を過ごしたのである。でも「心にゆとりが生まれたから」だけではほとんど点は出ないだろう。「無事に夜逃げが出来そうな方法を思いついたので、後は実行あるのみという心のゆとり。」

最後に来て大切なことを再確認する必要が出てきた。こういう「気持ち」を問う設問には、傍線の前後（本文全体を押さえる必要がある場合もあるが）の状況をまとめた情報処理で字数を稼ぐというあの**法則④**を思い出すこと。これは、是非覚えておいてほしい。

第五章

小説的物語を読むこと、あるいは恋は時間を忘れさせる

†〈なぜか?〉の方へ

物語を読むことは〈それからどうした?〉という問いに身を任せることだった。

前章で解いた津村節子『麦藁帽子』も吉村昭『ハタハタ』も、物語が始まったときにはもう結末が見えるような作りになっていたけれども、それは〈それからどうした?〉という問いが強力に働いて、「はじめ」が「終わり」を呼び込んでしまうからだ。これらのテクストには〈それからどうした?〉という問いが、物語の「はじめ」に組み込んであったのである。

志賀直哉『赤西蠣太』はちょっとしたエピソードからの出題で、物語文さえ作れなかったが、〈それからどうした?〉という問いはこのエピソードが終わった地点から働き始めるはずだ。出題されたのは、テクストがちょうど〈それからどうした?〉という問いを準備する場面だったのである。実際、多くの読者はあの場面で仕組まれた「恋」の行方を知りたく思うだろう。

この章で読む二編のテクストでは、まだ十分に〈それからどうした?〉という問いは働くものの、表現そのものが自己主張をし始めていて、物語の時間が少し緩やかに流れ始めるようになってきていることが感じ取れるはずである。その分、〈なぜか?〉という問いがこれまでのテクストよりも多く働く。もちろん、これは善し悪しの問題ではない。どこに興味の中心を置くかはまったく個人の趣味の問題なのだから。

はじめに解くのは大阪大学(二〇〇〇年度、文学部)の問題、出典は三島由紀夫『白鳥』による。いかにも三島的で思いっきりキザな表現を、現代の読者はどれだけ楽しんで読めるだろうか。設問はかなりヘビーで、国公立大学二次試験でも難しい部類に属すると思う。

【過去問⑧】ラブ・ストーリーは突然に

次の文章は、三島由紀夫の小説『白鳥』の全文です。これを読んで、後の問いに答えなさい。

カーテンをあけると一面の雪景色だ。まだふりしきっている粉雪を寝起きの目で夢のつづきのようにぼんやりみていると、急に何か思いついたように邦子の顔はかがやきだした。そうだ、雪の朝、それも可成《かなり》の降りに、白鳥を乗りまわしたいというのが宿望だったのだ。N乗馬倶楽部《クラブ》では純白の馬は「白鳥」一頭きりだった。早くかけつけないと、偶然邦子とおんなじ考えの会員がいて、先取りされ

てしまう惧《おそ》れがある。朝おきるときは今日は何をしでかすかわからないという不安を感じるほどの健康さで、今日に限らずベッドから下りるとき文字どおり「床を蹴《け》って」起きるならわしなのだが、今朝はとりわけそうだった。顔を洗うまえから外出着に着かえてしまった。白いウールの乗馬服、白い乗馬袴《キユロット》、長靴だけは白というわけに行かなかったが、手袋まで白キッド*の本当は乗馬用ではない優雅な指のながいのをはめてみた。寝起きの体がほてっているせいか手袋の留金が手首に快い冷たさだ。鏡の前に立つと白ずくめのなかから、はやくも馬を駆っているかのような上気した頰《ほお》が薔薇《ばら》いろを際立たせている。

　こうして一時間あまりつづいた夢心地が倶楽部の休憩室へ入ったとたんに崩れてしまった。その入口の黒板に、

「白鳥」――高原

と、ぶっきらぼうな白墨の字があって、会員なのだが一度も口をきいたことのないむっつり屋の青年が、（それが高原ということも邦子は今はじめて知ったのだが）、白い乗馬服の、むっつり屋らしい頑丈な背を向けて、ストーヴにあたりながら、鞭《むち》でかるくストーヴの胴を叩《たた》いていた。(1)邦子はその背中から云いしれない意地悪さを自分勝手に感じとって、後をも見ずに休憩室を出て行こうとした。急激な廻《まわ》れ右に鳴った拍車の音がいかにも感情的だったのでそれでやっと気づいたらしく高原はふりかえり、

「あ、堀田さん」

柄に似合わぬ鋭敏な声でよびかけた。名前を知られていようとは思わなかったので気をのまれて振

向いた邦子の、白ずくめの服装を無遠慮にじっと見据えると、青年は、「ははあん」と謂《い》った大人びた納得の微笑をうかべて、黒板の方へ歩き出しながら、

「僕、白鳥でなくてもいいんですよ。お譲りしましょう」

――邦子は思わず「ああよかった」と言いたげな御先走りな微笑をみせてしまって、気がついて赤くなった。さっきの高原の大人びた微笑には生意気なところがなかった、と急に好意的な批評も心にうかんで来て、それでも一応、

「あら、そんな……、あたくし後からまいりましたのに」

――青年にしても、こんなに早く来て黒板にでかでかと書いておいたのは、今朝起きがけに邦子が危惧《きぐ》したとおり、偶然同じ宿望を抱いていたからにちがいないのだ。

しかし高原はむっつり屋らしい背をみせたまま、黙って黒板消しで「白鳥」を消して、他の馬に書きかえようとしている。その好意から邦子自身がまるで除外されているようなそっけなさなので、(2)何か胸の軽くなるおかしさで窓のほうをながめやると、馬場いちめんにふりしきる粉雪のなかに、かこいの柵《さく》の青ペンキばかりがあざやかだ。

引き出されたときは雪におびえて、白鳥は鼻孔を怒らして、雪よりも白い息をはっはと吐いていたが、乗りまわすうちに次第にいつもの流れるような快い歩度になった。手綱をにぎっている優雅な白手袋から自分の白ずくめの全身像を空想してみようとしても、丁度まつ毛に雪片がくっついて見えなくしているように、何かがその空想の邪魔をしているのが感じられる。若い女というものは誰かに見

られていると知ってから窮屈になるのではない。ふいに体が固くなるので、誰かに見詰められていることがわかるのだが。

同じひろさの馬場が二つつながって、その通路を中心に双方の馬場に亙《わた》って8字形の運動も出来る仕組になっているのに、高原はけっして邦子の方の馬場へ入って来なかった。雪を透かして彼の栗毛の馬は妙に艶《なま》めかしい美しさだ。習いたてらしいピアッフェを練習している一瞬の跳躍の姿勢が銅像の馬のような筋肉の躍動にあふれている。(3)その馬の上から時々ちらとこちらを見る目が、雪のなかでもえている一点の火のようだった。

どうしてもこちらの馬場へ入って来ない高原を感じると、邦子は一人でぐるぐるまわっている馬場のひろさが、かえって高原の投げた輪のなかをどうどうめぐりしているようなふしぎな狭さに感じられて、時には彼の厚い掌《てのひら》の上をかけめぐっているにすぎないのではないかと、妙な空想がわくのさえもどかしい。それを又、高原の馬をゆずられた負《ひ》け目だと感じることも彼女の朝の朗らかさを台無しにした。

三十分ほど乗りまわして邦子は急に思いついて、二つの馬場の堺《さかい》で馬を下りた。雪の上へとび下りると長靴の中で冷え切った足が釘《くぎ》をふみぬいたような痛みをつき上げた。その痛みにしかめた顔を上げたところに何事かと寄ってきた馬上のあの烈《はげ》しい視線があったので、彼女はふしぎな口惜《くや》しさで顔をますます硬《こわ》ばらせた。

「あたくし、もう帰りますから『白鳥』にお乗りになりませんか? その馬はあたくしが厩舎《きゅうしゃ》へ引いてまいりますわ」と切口上で言った。

「僕はそんなに『白鳥』に乗りたいわけじゃありません」

「でも……」と邦子は高原の感情を手繰り切れない腹立たしさから怒った顔つきになりかける(4)自分が何か痛快な気もして、

「この馬まだ疲れていないのですもの。引いてかえれば他の人が乗るでしょうけれど、よろしいの？」

「どうしても僕が乗らないと、その馬、承知しませんか？」

「あら、しょっていらっしゃるわ」

見る間に高原は荒っぽい下り方をして雪を踏み散らして邦子の前に立った。そして吐息をしてスキー帽を左手でずらし上げると、額際から湯気が立っている。雪の音がきこえるような沈黙のなかで顔を見合わせていると、高原ははじめて額から流れる汗に気づいたようにハンカチをつかみ出して、あらぬ方へ目をそらしたまま、

「じゃ、馬を交代しましょう。今度は同じ馬場で御一緒に乗りまわしませんか」

――ふと(5)高原の馬もこの白キッドの手袋の上をさっきからどうどうめぐりしていたのだと邦子は今気がついて、やさしく手綱を高原の手にまかせながら、自分の手から何か大事なものを彼にあずけてしまったような甘い虚《むな》しさを感じた。

白鳥は高原に首すじを撫《な》でられて、ふりかかる雪を神経質に耳をぴくぴくさせながら、はっはと吐く息は雲のように、その白い背からは大きな白い翼がみるみる生えそうな姿だった。

ストーヴがさかんにおこってむっとするほどの休憩室では、雪をめあてにきた物好きな会員が二三人高話をしていたが、戸口で笑いあって快活に雪を落して入ってくる高原と邦子を見ると、上手の物

好きに呆《あき》れた顔をした。邦子はそのなかに女の友達を一人見つけて、脱いだ手袋をはたきながら走り寄ると、

「頭が真っ白よ」

とのっけに言われた。馬がたてがみをゆすぶるように、急に仰《あお》のいて頭を振ったので、雪はそこにいた人の膝《ひざ》や、ストーヴの上に花火のようにふりかかった。友達はあわてて膝をどけて、

「乱暴ねえ。あなた白鳥に乗っていらしったの?」

「ええ」と邦子はふりむいて微笑みかけて、

「高原さん、二人でずいぶん白鳥を乗りまわしたわね」

「きょうは白鳥を満喫しましたね」

――居合わせた会員はこのお転婆なお嬢さんは青年と一つ馬に相乗りをしていたのかしらと怪訝《けげん》な顔をした。いつの間にか高原と邦子には白い馬が二頭いたような気がするのだった。二人とも栗毛の馬の存在はすっかり忘れているのだった。

(6)恋人同志というものはいつでも栗毛の馬の存在を忘れてしまうものなのである。

＊キッド――子ヤギなどの上質のなめし革。

問一 傍線部(1)において邦子が「云いしれない意地悪さ」を感じたのはなぜだと思われるか、考えを述べなさい。

問二 傍線部(2)において邦子が「おかしさ」を感じているのはなぜか、わかりやすく説明しなさい。
問三 傍線部(3)は、この文章全体の中でどういう役割を果たしていると考えられるか、高原の心の動きに注目して説明しなさい。
問四 傍線部(4)において邦子が「痛快な気」がするようになった心の動きを説明しなさい。
問五 傍線部(5)はどういうことか、わかりやすく説明しなさい。
問六 傍線部(6)における「栗毛の馬の存在」は、この文章全体の中でどういう意味を表わしているか、わかりやすく説明しなさい。

†フロイトの恋

僕が付けた過去問のタイトルは、もちろん一九九一年にフジテレビで放映されたテレビドラマ『東京ラブストーリー』で小田和正が歌った主題歌のタイトルだ。正真正銘のパクリである。テレビドラマの主題歌としてはもう十年以上も前の曲だが、今年になって最年長ミリオンセラー記録を樹立したアルバム『自己ベスト』にも収録されているから、聴いた人も多いと思う。そう、この歌のタイトルのように、恋はいつも突然始まるものだ。ゆっくり始まる恋なんて、ない。『白鳥』は恋のはじまりを書いた小説だが、雪がいつから積もり始めたと言えるのかわからないように、恋もいつから始まったのか、それを言うことは難しい。そこで、恋を書く物語が採る一つのパターンは、互いに反発し合っていた二人がしだいに惹かれ合うようになるというものである。なぜそういう物語が説得力を持つのだろうか。

吉本隆明という高名な批評家が〈感情には方向性のない強度だけがあるのであって、それが好意になるか嫌悪になるかは偶然でしかない〉という意味のことを言っている（『心的現象論序説』勁草書房、一九七三年）。吉本の言うことを信じるなら、何らかの感情を抱いたときには、もうそれが恋である可能性が含まれていることになる。恋が突然始まっても不思議はないわけだ。平たく言えば、相手に反発を感じるということはそれだけ相手に関心を持っているということであって、それが何かのきっかけで好意に変わることは少しも不自然なことではないということだ。事実、こういう展開の恋愛ドラマは掃いて捨てるほどある。

『白鳥』もこういう心理の綾を利用した物語だと言える。したがって、これを物語文にまとめるなら「一度は高原に意地悪さを感じた堀田邦子の気持ちが、恋に変わる物語」となる。はじめは刺々しい感情を持った堀田邦子も、やがて恋の手に捉えられていく。問題もこの心理劇の展開を踏まえて、物語上の転換点について問三で聞いているほか、全体にまんべんなくしつこくない程度に丁寧な設問が設けられている。

問三で本文には「書かれてない」高原の「気持ち」を聞いているが、もしこれが答えられるとするなら、それはこの物語の展開に沿って堀田邦子の「気持ち」を高原の「気持ち」に投影させて読んだからに他ならない。その意味では、平凡な恋の始まりの物語なのだが、『白鳥』で是非読み込んでおきたいことは、この物語の全編があることのメタファーとなっているということだ。それはセックスである。

三島由紀夫はフロイトの精神分析に強い関心を持っていて、『音楽』というタイトルの、複雑な深層心理を抱える女性を精神分析する小説まで書いているくらいである。そのフロイトによれば、乗馬は間違いなくセックスの象徴ということになる。夢で乗馬のシーンを見ようものなら、フロイトはすぐに欲求不満という診断を下すだろう。だから、この物語から恋人たちの性的な欲望を読み取ることは決して不自然なことではないのである。ここに書かれているのは、フロイトの恋だ。ここまで本格的な恋の物語をよく出題したものだと感心する。採点も思い切って恋の達人に点を出したのだろうか。

ところで、フロイトの恋が成り立つのは、若い男女がまだセックスから遠かった時期の話である。若い男女がセックスから隔離されていたからこそ、実際のセックスの代わりに、あらゆるものがセックスのメタファーとなったのだ。出会ってすぐセックスが出来てしまうような、セックスが抑圧されていない現代では、少なくとも文学ではもうフロイトの恋は成り立たない。

さて、設問を解く前に本文に関して一、二。

いきなり「カーテンをあけると」と始まるが、これがどれだけの「意味」を持つものかわかるだろうか。『白鳥』全体を読んで、古い感じの作品だという印象は受けただろう。そもそも乗馬が上流階級だけの遊びだった(いまでもそうかな)時期の話である。すごくスノッブ(鼻持ちならない上流階級気取り)な感じもしないではない。だが、乗馬の話だということがわかる前に、この書き出しで「そうか、この主人公は和室ではなく、洋間に寝起きしているのだ」と気づいて、この当時の読者には洋間の個室を持つ主人公の階層がわかってしまうのである。何ともキザで上手い書き出しではないか。

細々した乗馬用品にいちいち注を付ける必要はないと思うが、「キッド」に注を付けるのなら、せめて「ピアッフェ」(四十五行目)には注がほしい。「ピアフェ」とも表記するが、辞書には、馬術で使う言葉で「歩幅の最も狭い速足で行う足踏み」(『コンサイスカタカナ語辞典』三省堂、一九九四年)とある。これでは何のことか、ちっともわからないか……。

†女は受け身の恋をするのか

問一。傍線部(1)には「自分勝手に感じとって」とあるが、設問は「『云いしれない意地悪さ』を感じたのはなぜだと思われるか」とだけある。こういうときには「自分勝手に感じとって」の部分は無視するべきか考慮すべきか少し迷うが、ここは真っ正直に無視してかかろう。そこで、「「云いしれない意地悪さ」を感じた」理由だけを考えればいいことになる。

こういう「気持ち」を聞く設問は、字数稼ぎのためにも傍線部の前後の状況を情報処理する必要があるのだった（**法則④**）。で、こうなる。「朝から、今日は雪の日に「白鳥」に乗るという願いが叶うと夢見心地だったのに、悪い予想通り先客がいて出鼻を挫かれただけでなく、その先客はむっつりしてもいるので、まるで自分に悪意を抱いているかのように感じたから。」

傍線部(1)のポイントは、言うまでもなく「意地悪さを自分勝手に感じとって」というところにある。先客がいた不運を、ほかでもない自分に対する「意地悪さ」と感じるところに、相手に対する特別な感情のはじまりの予感がある。それから、この主人公がお金持ちで気が強く、少し我が儘で身勝手な女性だということもわかる。いかにも三島好みの女性だし、ある時期まではこういう女性がカッコイイと思われていたのである。そういう女性と「むっつり屋」の男性との組み合わせも、物語ではよくあるパターンだ。

問二。これも結局は情報処理だ（**法則④**）。金持ちで気まぐれで我が儘な女性は、才気走った男性よりも木訥《ぼくとつ》とした男性に惹かれる。そして、恋を感じると自分の方が優位に立とうとする。と言うか、恋に勝とうとする。繰り返すが、これは物語の法則みたいな組み合わせだ。答案は、二十七行目の「好意的な批評」とあるあたりも考慮して作る必要がある。特別な感情は、本人の気づかないうちに「恋」に姿を変えつつあるのだ。

「堀田邦子が一度は諦めかけた願いが、高原の好意であっさり叶ってしまったが、その高原におしつけがましい様子が一切ないのを気持ちよく感じ、その好意を素直に受け容れることが出来る自分にも好感をもったから。」この堀田邦子の感じる「おかしさ」からは「あなたの前では、私、自分に素直でいられるの」みたいな、ちょっと古風な殺し文句が聞こえてきそうだ。気の強い女性には、「素直な自分」でいられることが自分自身にとっても新鮮なのだ。ところで、僕が中学生時代、一年下に校内で僕を見かけるといつもけらけら笑う女の子がいたので不思議に思っていたら……まぁそういうことだったみたいだ。

問三。三島はしたり顔でこう書いている。「若い女というものは誰かに見られていると知ってから窮屈になるのではない。ふいに体が固くなるので、誰かに見詰められていることがわかるのだが」(四十～四十二行目)と。この持って回った言い方を「翻訳」すると、〈若い女性は自分でも気づかないうちに、身体で恋を受け取ってしまうものだ〉と言っている。つまり、眼差すのは男で、それを受け取るのが女。女は見られる存在だというのだ。こういう言い方からは〈女性の恋は受け身だ〉という、例の古風な固定観念が透けて見える。そう言えば、現代の小説でもだいたいそうなのだが、「高原と邦子」(八十七行目)という表記の仕方も気にかかる。男を姓で女を名で呼ぶことには、やはり何らかの思想が表れている。

傍線部(3)の直後の段落の記述や、その後の「急に思いついて」(五十三行目)という記述を読むと、傍線部(3)では堀田邦子は高原の視線を、白馬ではなく自分に向けられたものだと認識している。そして、彼女は「ふいに体が固くな」(四十一行目)っている。その彼女の感じ方を説明しているのが傍線部(3)の直後の段落なのである。読者は、こういう彼女の変化から「書かれてない」高原の「気持ち」を読む。つまり、高原も堀田邦子と同じだと読む。それが、恋愛物語のルールだ。

「堀田邦子が高原に恋し始めたように高原も彼女に惹かれ始めていて、その高原の気持ちが彼女への熱い視線となって表れているが、彼女がそれを受け止めたことで、二人の感情が恋という明確な形を取り始めるわけで、傍線部(3)は物語の転機となっていると言える。」

†恋は忘れ物をする

問四。恋の駆け引き……、そういう場面についての設問だから、こちらも恋の達人になった気分で答えなくてはならない。金持ちで勝ち気な女性は、恋の駆け引きに勝ちたがる。そういう自分がよくわかっている堀田邦子は、この自分らしからぬもどかしい状況を楽しんでいるのだ。「馬を譲って貰ったことが負担になり始めた堀田邦子は、高原にその馬を返そうとするが、高原のはっきりしない態度に彼の気持ちが測り切れなくなって苛立っていく。堀田邦子はそこに普段とは違った自分を発見して「痛快」な気がしてきた。」

堀田邦子には、たぶん男性の「気持ち」が読めなかった経験などなかったのである。どんな男性も彼女の意のままになってきたのだろうし、どんな男性の「気持ち」も彼女の予想通りに動いたのだろう。それが、はじめて「気持ち」の読めない男を目の前にして、新鮮な驚きを感じているのだ。物語を読み慣れた読者には、彼女の「気持ち」はそういう風に読める。

問五。「白キッドの手袋」はもちろん堀田邦子のもの。要するに、自分が高原という大仏の掌で弄ばれているような感じを持っていたら、向こうも御同様だったということ。これで、二人の関係は50／50になったわけだ。「堀田邦子が隣の馬場から出てこない高原に気を取られて乗馬が楽しめなかったように、高原も彼女が気になって乗馬が楽しめなかったということ。」

問六。さーて難しい。『白鳥』では「栗毛の馬の存在」が何にたとえられているか、つまり「栗毛の馬の存在」は何のメタファーかという問いだ。持って回ったキザな文章だけに、ちっともわからない。ヒントは「いつの間にか高原と邦子には白い馬が二頭いたような気がするのだった」（八十七行目）という一文だ。この「白い馬」をめぐって、二人は鞘当てを繰り返していたのだった。その時、一人はたしかに「栗毛の馬」に乗っていたはずだった。ところが、この一文は、そんなことはまるではじめからなかったようなものだと言いたげなのだ。つまり、恋ははじめからすでにそこにあったとでも言いたげなのだ。忘れられたのは、そういう恋がはじまるまでのプロセスではないだろうか。
「二人の恋は突然始まったわけではなく、いくばくかの鞘当てがあり、感情の行き違いもあったが、恋人同士となったいまとなってはそういうことは忘れられてしまう。「栗毛の馬の存在」とは、そういう恋が始まるまでの葛藤のことを意味している。」

さて、恋の達人になれたかどうか。物語の「常識」にしたがってやや書き込みすぎた答案もあるが、出来るだけセーブしたつもりだ。「正解」は曖昧な記述の中に隠れているというあの**法則**③に従って……。心ある読者諸君は、僕の苦心の解答を過去問問題集の模範解答と比べてほしい。それにしても、学校空間で「恋」をするのは、辛いものだ。
最後に、記述式の設問への解答の技術でもう一つ大切なことを確認する必要が出てきた。それは、答案に立体感を持たせるためにも、字数を稼ぐためにも逆接の接続詞を使うということだ。ある程度以上の字数が求められる解答には、まず間違いなく逆接の接続詞を使うことが求められている。

次に解くのは広島大学（二〇〇一年度）の問題、出典は野上弥生子『茶料理』による。こういう抑制の利いた会話は、年の若い君たちにはちょっとまどろっこしく感じられるかもしれない。

でも、国公立大学二次試験ではこういう古風な文章からの出題が主流なのだし、こういう「恋」を知っておくのもいいことだと思う。

【過去問⑨】恋は遠い日の花火ではない

次の文章は、野上弥生子《やえこ》の「茶料理」の一部である。中心人物である建築家の依田《よだ》と、学生時代に下宿した家の娘であった久子とは、互いにかつて淡い恋心を抱いていた。十年以上の後、二人は上野東照宮下の茶料理屋で再会した。久子は、自分の友人つね子と妻のある画家Hとの実らざる恋のことを話題にする。これを読んで、後の問いに答えよ。

Hがフランスへ行ったのはその後間もなくであった。一、二年の間は、時々思わせぶりな葉書などを寄越《よこ》した。つね子は一度も返事を書かなかった。彼の不幸な妻のことを考えた。思いきらなければならないのだと思った。その決心は、自分の心がどんなに強く彼に結びつけられているかをいよいよはっきり思い知らせただけであった。ある場合、つね子は①犯さぬ罪を惜しんだ。それがためには一生を日陰の身で終わったとしても満足であろう。Hが想像以上の女たらしであったのを知ったあとでさえ、思慕は減じなかった。つね子はすべての縁談を、嫌悪からでない場合も②潔癖から断った。その秘密な火が消えない以上、どんな仕合わせな結婚にも近づく権利はないのだと信じた。実際、一切の幸運と、取り返しのつかない若さが、そのあいだに彼女を見捨てた。今はただ音信さえ絶えたHの帰りを待つこと、もう一度――死の瞬間でもいいから彼に逢《あ》おうと思うことの外には、地上の望みはなかった。巴里《パリ》からのHの訃音《ふいん》は、彼女の生きる目標を突然奪ったものであった。

その死が新聞で公にされた明けの日、つね子は久子をたずねて来て、はじめて打ち明け話をした。考えてみると、Hと知り合いになった当座の一《ひ》と月は、楽しいよりは苦しさと恐ろしさが先に立った。ほんとうの夢見ごこちで、なにもかも忘れ尽くした恍惚《こうこつ》状態になれたのは、二人で郊外の停車場におちあい、まわりの田舎道を散歩した間の一時間半であった。その一時間半のために彼女の心は十三年間彼にしばりつけられ、悩みとおして来たのだといって泣いた。――

「もし望みどおりHさんに逢えたら、おつうさんにはたった一《ひ》と言ぜひいいたいことがあったのですって。」

「どういうことです。」

「あなたにはほんの気まぐれに過ぎなかったことが、わたしの一生を支配しました。」

以上の言葉をわざと無技巧に、女生徒の暗誦《しょう》みたいにつづけた久子を、③依田は愕然《がくぜん》とした、しかしすぐ落ちつきを取りかえした、厳粛な表情で見詰め、自制の調子で、口を開いた。

「久子さん、ついでにあなたの一言を聞かせて頂きましょうか。」

④「――」

「あなたはつね子さんじゃありません。決して、そんな不仕合わせな人といっしょにして考うべきではない。あなたは立派なご主人があり、世の中の誰《だれ》よりも幸福に暮らしていらっしゃるのだと信じたい。実際、僕はそう信じています。しかし、昔の――あの当時の僕の意気地なさは、あなたにどんなに責められても、侮辱されてもいいはずです。だから――」

「侮辱されるならわたしの方ですわ。」

久子はあわただしく遮りながら、「あれから二年とたたないうちに、わたしは平気で、いいえ、従弟《いとこ》との面倒がなくなるので、大悦《よろこ》びで今の夫と結婚したのですもの。」

「そんなことをいえば誰でも同罪ですよ。今朝の電話の声を聞くまで、あなたのことなぞ僕は思い出しもしないで暮らして来られた。」

「じゃ、わたしの方が、それでもいくらか情があったわけね。」

短い、回顧的な沈黙をうけて久子はしずかに言葉をついだ。「どうかするとあなたのことを思い出しましたもの。いつだかわからない、この世でか、また、先の世でか、それもわからないが、今日のようにお目にかかって、昔話をする日がきっとありそうに思えましたわ。その時いおうと思ったのは、もちろんつね子さんのいいたかったこととは別ですし、もっと短い、それこそ一と言で尽きることなの。――あの時は有り難うございました。」

⑤「――」

―それだけ、――だって。内輪のごたごたや、従弟とのいやな結婚問題で真っ暗になっていたあの頃《ころ》のわたしの気持ちでは、相手次第でどんな無茶もやり兼ねなかったのですもの。――逃げろといえば一しょに逃げたかも知れませんわ。死ぬといえば死んだかもしれませんわ。でも、あなただからこそ、その怖《おそ》ろしい瀬戸も無事に通り抜けさして下すったのだと、しみじみ思ってますわ。」

「しかし、僕はあなたがそんなに苦しんでいたなんてことは夢にも知らなかったから、ただ幸福な、

久子の眼にはじめて二滴の涙をみとめた依田は、わざと誇張した快活さでつけ加えた。忌憚《きたん》なくいえば、——」

「どうも、恐ろしくわがままなお嬢さんだと思ってただけです。」

効果はあった。久子の涙はその言葉ですぐかすかな微笑に変わった。

「ことにあなたにはね。どうせついでだから謝りましょうか。」

「それには少し遅すぎたようだ。」

「お気の毒さま。」

二人ははじめて口に上ったじょうだんを、あまり年寄りすぎもしなければ、またあまり若すぎもしない、ちょうど彼らの年配に似合ったおちつきと平静とでいいあい、そういう間柄の男女だけで笑える笑い方で笑った。親しみにまじる淡い寂しみと渋みにおいて、それはなんとなしに、かれらが今そこで味わっている料理の味に似ていた。

一時間の後、依田は久子を見送るために広小路のガレジの前に立っていた。久子はもう車に乗っていた。エンジンの工合が悪いらしく急に出なかった。運転手は一旦握ったハンドルを離して飛びおり、しゃがんだ。⑥道順からすれば依田は途中までいっしょに乗って行けたのであるが、避けた。久子も誘わなかった。調子が直って車が動きだすと、久子は爆音の中から高く呼んだ。

「では、さようなら。」

「さようなら。」

依田も応じた。お互いのさようならが、⑦ほんとうは何にむかって叫びかけられているかは、お互いが知っていた。彼は広小路の光の散乱の中を、淡く下りた靄《もや》を衝《つ》いて駈《か》けて行く車を見送りながら、もくもくと、ひとり電車路《みち》の方へ歩いた。

問一 傍線部①に「犯さぬ罪を惜しんだ。」とある。これは、どういうことを言っているのか。わかりやすく答えよ。

問二 傍線部②に「潔癖から断った。」とある。この場合、つね子が「潔癖」であるとはどういうことか。簡潔に説明せよ。

問三 傍線部③に「依田は愕然とした、しかしすぐ落ちつきを取りかえした、厳粛な表情で見詰め、自制の調子で、口を開いた。」とある。このときの依田の気持ちを、この前後の登場人物の言動を踏まえて説明せよ。

問四 傍線部④の話者はどうして沈黙したのか。その理由を簡潔に述べよ。

問五 傍線部⑤に「『――』」とある。この話者はどうして沈黙したのか。その理由をわかりやすく述べよ。

問六 波線部のやりとりにうかがえる二人の心境をわかりやすく説明せよ。

問七 傍線部⑥に「道順からすれば依田は途中までいっしょに乗って行けたのであるが、避けた。久子も誘わなかった。」とある。二人が帰りの車をともにしなかった理由を簡潔に説明せよ。

問八 傍線部⑦に「ほんとうは何にむかって叫びかけられているかは、お互いが知っていた。」とある。二人の別れのあいさつは本当は何に向かって叫びかけられていたのか。簡潔に述べよ。

†語ることで癒される

過去問のタイトルはまたしてもパクリだ。数年前に長塚京三が主演（？）したサントリーオールドのコマーシャルのキャッチコピーである。でも、ピッタリなんだなぁこれが。『茶料理』で語られるのは昔の恋だ。しかし、語るいま、恋はそこにある。遠い日の花火などではない。だからこそ、諦めることに新たな意味が付与され、恋について語ることの小さなドラマが演じられるのである。

先に引いた吉本隆明は「恋愛は論じるものではなく、するものだ」（『対幻想——n個の性をめぐって』春秋社、一九八五年）と語って、フェミニストの大顰蹙を買ったことがあった。ただ「する」だけの恋愛は、新しい恋愛の形を模索するフェミニズムの試みからは遠く、現状を維持するだけだからだ。では、「する」ことから遠く、語るだけの恋愛には何が出来るのだろうか。

たとえば、深い悲しみは、どうやって癒すことが出来るのだろうか。深い悲しみを味わったことのある人なら、悲しみを癒すことの残酷さがわかるはずだ。

あまりにも深い悲しみは、言葉にならないし、出来ない。深い悲しみを言葉に出来るときには、もうそれは自分の悲しみではなくなっていて、世間でみんなが知っているあの悲しみの形をしている。僕たちは言葉にすることで他者と悲しみを共有することが出来るが、それは僕たちの語った悲しみがみんなの知っているあの言葉で語られているからだ。その時、悲しみを語る僕たちもみんなの知っているあの人になる。そうやって、僕たちは自分を他者に理解してもらっているのだ。

語られた悲しみはもう僕だけの固有のものではなくなって、いつか誰かが語ったようなありふれた悲しみになる。そこには、ありふれた僕がいる。悲しみから癒されるということは、悲しみの一般化と風化とに耐えることだ。しかし、それは僕の過去の悲しみが言葉として現在にもう一度体験し直されることでもある。その痛みに耐えられないなら、語らないことを選ぶしかない。そういう人も、たぶん世の中にはたくさんいる。

そう、そう言ってよければ、『茶料理』の人々は悲しみを大切に育ててきたのだ。彼らはそれを語るまでに、十年以上の月日を必要とした。それをいま語ることで、癒したのだ。それはほんとうに「別れる」ことでもあった。その残酷なドラマが静かに演じられていたのである。

語るだけの恋愛には癒すことしかできない。これが、僕の答えだ。そういうわけで、僕は、物語の時間がずいぶんゆっくりと流れる『茶料理』を、「語ることで、恋の痛みが癒される物語」と読む。繰り返すが、それは十分残酷な物語なのである。

さて、設問を解こう。問一と問二はやさしい。

問一。「犯さぬ罪を惜しんだ」とはずいぶん思い切って持って回った言い方だが、言いたいことはわかるはずだ。要するに「妻のある画家Hと肉体関係を持たなかったことを、悔やんだということ。」ということ。ついでに言うと、この問題の設問には「わかりやすく」説明しなさいという表現が頻繁に使われている。たぶん、毎年広島大学の受験生の答案がよほど「分かり難く」書かれているのだろう。広島大学の受験生よ、ちゃんと理解して書こう。そうすれば、わかりやすくなるはずだから。

問二。「Hに操《みさお》を立てたということ。」ではぶっきらぼうすぎるし、いまの受験生諸君には「分かり難い」だろうか。傍線部②の直後の「その秘密な火が消えない以上、どんな仕合わせな結婚にも近づく権利はないのだと信じた」(六〜七行目)という文章を上手く言い換えればいいだけの話である。「自分にHを思う気持ちがある以上、他の人との結婚は出来ないと強く思ったということ。」でいいはずである。

†語ったことよりも、語らなかったことに真実がある

いまキザな小見出しを付けたけれど、要するに二人は「いまも好きです」という一言を言わないためだけに会ったのである。今後もそういう一言を言わなくてすむようにするためだけに、いま会っているのだ。でも、設問はそういうところを容赦なく聞く。出題者は小説が読める人なの

か、無粋な人なのか。

問三。設問に「このときの依田の気持ちを、この前後の登場人物の言動を踏まえて説明せよ」とある。何度も言うように、「気持ち」を聞く設問は前後の文脈の情報処理である（**法則④**）。正直なことに、そのことを設問でちゃんと指示しているわけだ。こういう当たり前のことをわざわざ書くということは、広島大学の受験生には前後の文脈と関係なく答案を書く人が多いのだろうか。大丈夫か？　広島大学の受験生。

僕の解答はこうなる。「依田は、つね子の言葉に託した久子の思いを聞いてショックを受けたが、久子がいまでも同じ思いでいるのかどうかを確かめる覚悟を決めたのである。」この時の依田にとって大切なのは、いまの久子の思いなのだ。

問四。「沈黙」の意味を答えよとは、酷なことだ。けれど、ものすごくいいポイントを突いてきている。ここも「この前後の登場人物の言動を踏まえて」考えるべきところ。そこで、こうなる。「つね子の言葉に託して自分の思いを伝えてはみたが、改めて問われると、いまの自分の思いを答えなくてはならなくなることに気づいて、困惑しているから。」この後の依田の言葉をよく読んでほしい。〈いまのあなたは不幸ではないが、しかし、たしかに昔の僕は意気地がなかった〉と、一見自分の責任を認めていながら、その実「いま」と「昔」とを巧妙に分断して、すでに自分は責任を取る必要がなくなったと語っていることがわかるだろう。なぜか。二人にとって、

「いま」の気持ちだけは決して口にしてはならないからだ。僕の答案は、そこを読み込んだものだ。

問五。前の設問とまったく同じことを聞くのに、どうして設問の言葉を変えたのか？　何だか僕にはわからない。

今度は傍線部⑤の前後の久子の言葉をよく読んでほしい。〈ずっとあの世でも会いたいと思っていたし、あの時は死ぬと言えばいっしょに死んだ〉というレトリックになっていて、依田の「いま」と「昔」とを巧妙に分断する語りとは違って、「今も昔も」あなたを思っていると言っていることになる。ところが、その思いを「あの時は有り難うございました」と、過去のこととしてさらりと感謝の言葉を口にすることで、「いま」の思いなどまるで言わなかったことにしているのだ。言ったのに言わなかった——たぶん久子の方により切ない思いがある。だから、久子は依田よりもはるかに巧妙にこの場面を切り抜ける必要があったのだ。

ただし、当然のことながら、この設問には傍線部⑤より前にある久子の言葉だけを頼りに解答しなければならない。「久子の依田に対する思いを語った直前の言葉からして、もっと重大な告白か、逆にかつての意気地のなさをなじるような言葉を聞かされると思っていたのに、あっさりとした感謝の言葉を聞かされて、その意図が理解できなかったから。」その後、傍線部⑤の直後の久子の言葉から、依田が感謝の言葉の意味を理解しただろうことは、いま分析した通りだ。

†模範解答に逆らって

問六。以下に示すのは過去問問題集の模範解答とはずいぶん違った解答だけれど、ここは思い切っていままで僕が採用してきた読みの枠組で押し通したい。新しい読みの「発見」に生きる研究者の血が騒ぐのだ。採点者が、僕の「構造化された「誤答」」に気づいてくれるだろうか。ただし、「二人ははじめて口に上った〜」（五十二行目〜）ではじまる段落の記述をも踏まえながら。

僕の解答は「過去の思いがいまの思いに変化しそうな危険を感じ取った依田が、冗談めいた口調で久子の思い詰めた言葉を引き取ったので、久子も安心してその冗談に乗ることが出来たが、その裏では彼らなりの寂しさと渋みを味わわされてもいた。」ともなる。解答の前半は「久子の眼にはじめて二滴の涙をみとめた依田は、わざと誇張した快活さでつけ加えた」（四十六行目）という一文を重く見た読みである。

でも、広島大学に受かりたかったら、「二人ははじめて口に上った〜」ではじまる段落の記述だけをまとめた方が無難だ。「若い頃の思いを冗談交じりに語れるようになったいまの自分たちの年齢を感じながら、心の奥では寂しさと渋みとを感じている。」といったところか。これでは波線部の直前の依田の慌てぶりが掬い取れていないのだが、受験小説とはこういうものだ。僕の解答か模範解答か、どっちが「小説が読める人」かよく考えてみてほしい。

ただし、こういうことは言える。入試には設問ごとの配点がある以上、どれだけすばらしい答案を書いても十点満点が二十点になるわけではない。それなら、たとえつまらなくてもなるべく減点されない答案を書く方が賢いことになる、と。たしかにそれが入試の鉄則なのだが、それでは入試に小説を出題する意味がない。思い切った答案に高い点を出す勇気と、つまらない答案を減点する勇気と、そのことを伝えるメッセージの発信と、これからの大学受験小説にはそうしたことが求められる。

問七。簡潔に、僕の考えた理由を言おう。「せっかく冗談に紛らわした過去の思いが、いまの思いに変化しては困るから。」しかし、模範解答ならこんな感じだろうか。「いまの二人はもう淡い恋心を抱いていたかつての二人ではなく、互いに異なった人生を歩んでいるという自覚があったから。」どちらも間違ってはいない。でも、模範解答と僕の解答とがまったく逆になってきた。そのことの意味は、最後の問いを解いてから考えよう。

問八。僕ならこう答える。「いま言葉にならない言葉で確認し合ったお互いの思いに。」模範解答風ならこうだ。「かつてのお互いの思いに。」もちろん、両方とも間違いではない。

†答案を修正する

なぜ、問六あたりから僕の解答と模範解答がまったく逆になり始めたのか。その理由は簡単だ。

僕が二人の恋を「いま」に浮上しかける危険なものだと読んだのに対して、模範解答はあくまで二人の思いを「過去」のものとして読もうとしているからだ。模範解答は恋から危険なところを抜き取った、いかにも学校空間的なものだということがわかる。しかし、それではこの二人の沈黙をも含めた会話のダイナミズムが十分に楽しめないし、そもそも模範解答ではテクストに説明できない細部が残ってしまうというのが、僕の意見だ。僕は、また物語を反転させてしまった。

しかし、もう少し冷静に読み込んでいくと、問六までは僕の解答でいいと思うが、波線部と傍線部⑥との間には「一時間」の間があって、その間に二人は語ることで十分に互いの思いを癒したように読めてくる。それに「久子はもう車に乗っていた」(五十六〜五十七行目)のだ。さらに「親しみにまじる淡い寂しみと渋みにおいて、それはなんとなしに、かれらが今そこで味わっている料理の味に似ていた」(五十四〜五十五行目)という一文の意味と「茶料理」というタイトルの意味とを考えると、問七以降は模範解答の方が解釈としての妥当性が高いようにも思われるのだ。ただし、このまま模範解答に敗れるのは悔しい。

波線部で冗談を仕掛けたのは依田の方であり、彼は「どうかするとあなたのことを思い出」(三十四行目)していた久子とは違って、「あなたのことなぞ僕は思い出しもしないで暮らして来られた」(三十一〜三十二行目)のである。「いまの思い」を微妙な言い方で伝えようとする久子を、依田は冗談ではぐらかした。この時、冗談めいた口調で語ることで、「いまの思い」は「過去の思い」として封印されたのではないだろうか。久子もそれを受け容れて冗談で答え、「一時間」の間に気持ちの整理を付けたのだろう。

それこそが「語ることで、恋の痛みが癒される物語」ではないだろうか。こうした読みと模範解答とも妥協点を探る必要が出てくる。僕は自分の読みを修正しなければならないことになる。それなら、問七はこう答えるべきだろう。「いまの思いを封印した二人は、今後は互いに異なった人生を歩んでいくべきだと心に決めたから。」と。問八もこうなる。「いま封印したお互いの思いに。」と。

小説を読むことは細部との格闘だと言える。細部との格闘を繰り返しながらいつか自分の読みを作ること、その辛気くさい作業の繰り返しの出来る人が「小説が読める人」になるのである。

第六章

物語的小説を読むこと、あるいは重なり合う時間

†物語から遠く離れて

〈それからどうした?〉という問いが、やがて少しずつ〈なぜか?〉という問いに取って代わられること。それが、小説的物語から物語的小説へ移っていくことだ。

前章で解いた三島由紀夫『白鳥』も野上弥生子『茶料理』も、先はわかっているものの「これから二人はどうなるのか?」という問いがまだかろうじて働いていた。しかし、いずれのテクストも表現の細部が自己主張し始めていて、単純なストーリーとして読むことを邪魔していた。物語が小説になり始めていたからである。では、物語になるか小説になるかはどうして決まるのか。その境目は、時間が勝つか表現の細部が勝つかということによって決まる。

この章で読む二編のテクストには、主人公の心の中を流れる時間以外には、〈それからどうした?〉という問いの対象になるような時間は流れていない。現実にはさしたる出来事が起きず、

主人公の心の動きだけが興味の対象となるようなテクストなのである。つまり、主人公の心の動きしか物語にはならないようなテクストだということだ。日本では大正期に私《わたくし》小説という主人公の身辺雑記のような小説が成立したが、この二編は、その中でも特に主人公の心の動きを中心に書いた心境小説に近い。

日本では大正期に〈それからどうした?〉という問いが興味の中心になるような物語は通俗であるとか低俗であるとかいった議論が巻き起こって、それ以後、小説は〈それからどうした?〉という問いを組み込んだ物語であることから遠く離れるために、自己主張する言葉を中心化したり、主人公の心理を中心化したりとさまざまな方法を「発明」してきた。カッチリした構成を持つよりも、カッチリした構成を壊す工夫をした方が高級な感じを与えたからである。

すぐれた小説であるためには、これらの要素をバランスよく書き込むことが出来ればよいわけだが、実際には、時間も言葉も心理も一つのテクストの中に書き込める力量を持った作家がたくさんいるわけではないから、自分の才能に合わせて、この三つのうちのどれかを中心に書くしかなかったのである。その中で、最も一般的に行われたのが、主人公の心理を中心に書く方法だった。それが私小説であり、心境小説だったのである。

この章で読む二編の物語的小説は、やはり主人公の心理に焦点を絞ることで、物語から遠く離れようとしている。そこで、まるで申し合わせたように、母親や父親の記憶を書き込んで、主人公の心の中の出来事に時間的な幅を持たせようとしているように思える。自分の時間と親の時間とを重ね合わせる手法が採用されているのである。物語の時間を排除した結果、小説の幅が狭くなることを誤魔化すために、こういう方法が選ばれたと言うべきかもしれない。
こういう手法が複数の小説で同時に採られることはまったくの偶然なのだろうか。そうではないように思われてならない。そのことを証明するためには、一冊の書物が書かれなければならないだろうから、ここではこれ以上深入りしないが、小説にとって物語の時間とは簡単に無視できない、それほどまでに気になる何かなのだ。

はじめに解くのは大阪市立大学(二〇〇一年度)の問題、出典は梅宮創造『児戯録』による。ごく日常的な親子の関係を描いたテクストで、常識的な感情移入の方法でも十分に解ける、国公立大学二次試験として最もやさしい部類に属する問題だと思う。

【過去問⑩】母と同じになる「私」

次の文章をよく読んで、後の設問に答えよ。

郷里のお袋が、五つになる子供のために机を送ってくれた。孫に机を、なんて言えば、本棚から電灯までが一緒に付いた豪勢な勉強机ということにもなりかねないが、お袋から届いたのはそんな代物ではない。小ぶりの古びた坐《すわ》り机である。私が田舎の家で小学校の五年生あたりまで使っていた机だ。暫《しばら》くどこかに片付けられて埃《ほこり》を被《かぶ》っていたのが、三十年ばかり経《た》った今、再び息を吹き返して、Ⓐまたも小さな子の相手をする羽目になったわけである。

　私はこの机を買ってもらった憶《おぼ》えがないので、もしかしたら兄の御《お》下がりだったかも知れない。もう一つ、橙《だいだい》色のニスを塗った坐り机があって、二番目の兄などはそれを使っていた。今度の机が上の兄から譲られたものとすれば、譲ったあとで兄はどうしたのだろう。ほかに机があったものかどうか、その辺のところが定かでない。

　一番上の兄と私は三つ違いだが、その兄が中学に入るとき大そう立派な机を買ってもらったので、中学生は偉いもんだ、とひそかに尊敬の念を抱いたものである。次いで二番目の兄が中学に入って、これも大きな机を買ってもらった。翌年が私の番になるはずだったけれども、父親は毎年のように机を購入するのが［㋐］と思ったのか、このときまだ小学生の私の分までついでに買った。お袋が、木の香りのする真新しい抽斗《ひきだし》を引抜いて、その裏にたっぷり墨を滲《し》ませ、購入の日付と持主名とを書いてくれた。

　私は新品の机がひどく気に入って、自室に閉じこもったきり、朝晩これを止り木のようにしてぼんやり時を過ごしたが、Ⓑこうなるとお袋としては、小さな机の前にぺたんと坐っていた頃《ころ》が却《かえ》って懐かしく思われたのかも知れない。

古い坐り机のほうがお袋には思い出深かったのだろう。その思い出の片々を、このたび孫に結び付けてみたかったと言うのなら、そんなお袋の気持ちも判《わか》らないではない。

子供はこの春から幼稚園に通っている。その御祝というつもりで、私は郷里から届いた古い机と、それに小さな本箱を一つ、この子にあてがった。それらを窓辺に置いてやったら、子供は早速鉛筆ケースのなかから新しい鉛筆を抜きだし、机の上にノートを開いて何やら書き始めた。真剣な顔付で何を書いているのだろうと覗《のぞ》いてみると、近頃習いたての時計の針なんか描いている。そんなものを幾つも幾つも描いている。

その晩、家中が寝静まって何気なしに窓辺の机を見たら、机の上はきれいに片付けられて、本箱の一番下には鉛筆ケースが、二段目には毎朝肩にかけて家を出る空色の弁当鞄《かばん》と、それに細いリボンを巻いた帽子が並べてあった。©そのそばで、顔を机のほうにむけて、子供は軽い寝息を立てていた。

子供は朝早く家を出て、午《ひる》過ぎに帰って来る。幼稚園では持参した弁当を開いて、それを食ったあとは歌なんか歌って、それから帰りのバスに乗せられる。

「さようなら、また明日《あした》」

と言って愉快に皆と別れて来るのならいいが、どうもそうではないらしい。家の前でバスから降りる子供の頬《ほお》には、いつも涙の跡が筋を引いているのだ。来る日も来る日も、子供は笑ってバスから降りて来るが、頬ぺたにくっきりと、涙の筋が乾いて光っているのはごまかせない。ときには［㋑］爪《つめ》の痕《あと》までくっ付けて来る。

午前のひととき、私が珈琲《コーヒー》を飲みながら本を読んでいる、或いは簡単な昼食を済ませて一服つけている、そんなときに子供は幼稚園のどこかで悲しい目に遇《あ》っているわけだ。子供のことだから、すぐまた笑顔に返るのだろう。子供は家まで悲しみを持ち帰らない、それは確かにそのとおりである。

しかし、朝起きて顔を洗い、その顔が半日も経たぬうちに涙で汚れてしまう、そんなことをまるで日課のように繰返しているのだ。その繰り返しが［ウ］。

空色の弁当鞄を肩から下げ、リボンの付いた帽子を被り、

「行って来まあす」

と元気に迎えのバスに乗る。それから午過ぎて、同じバスに送られて来たときには、ふっくらしたその頰が赤くてらてら光っている。

「外から帰ったら、手を洗うこと」

家内はそう言いながら、子供が手を洗っている隙《すき》に、冷水で①シボったタオルをそっと顔に当ててやるのである。

或《あ》る日子供は、机にむかって盛んに何か書いていた。また時計の針か、と思ったが、どうもそうではないらしい。

「……」

子供が何かに熱中しているところに口を②ハサむのはよくないから、黙って見ていると、間もなく仕

事に区切りがついて、子供は机上の品物をきれいに抽斗に仕舞い込んだ。

といっぱしに伸びなんかしているが、何をやり上げたものか判らない。

「ふう、終った」

夕方、家内が子供を連れて買物に出た。私は愚かな好奇心に③ソソノカされて、子供の机の抽斗を開けてみた。子供の薄っぺらなノートがある。鉛筆がある。そして、どこかで見たような、何だか[エ]品物がみつかった。

「へえ、こんな物が、……」

遠い日々が漣《さざなみ》のように私の胸内にひろがった。いつのことか忘れたが、私がまだ小さい頃、お袋に手を引かれ汽車に乗って、大きな川の流れる町へ出かけた。そこは山間にひらけた古い町で、（注一）瑠璃《るり》色の水をたっぷり湛《たた》えた川のほとりには（注二）虚空蔵菩薩《こくうぞうぼさつ》が祀《まつ》られていた。お袋は私の将来を憂えたものかどうか、菩薩の前で静かに手をあわせ、いつまで経ってもその姿勢を④クズさない。私は身体がひどく弱かったから、お袋は、どうかこの子が死んだりしませんように、とでも祈っていたのかも知れない。お袋はそのあと私のために御守を買ってくれた。小さな布袋を開けてみると、楕円《だえん》形の金属板に眩《まぶ》しいばかりの菩薩像が彫られてあった。

お袋には[オ]が、私はいつしかこの御守のことを忘れてしまった。それが今頃になって、子供の机のなかからひょっこり現れたのである。お袋は机を送るときにわざわざこれを抽斗に忍ばせて寄越《よこ》したものか。或いは、ずっと抽斗に収められ忘れられていたのがそのまま送られて来たのか。冷たい金色の菩薩像を手の平に載せて、その手を軽く上下させてみる。しっとりとした重味の底から遠い記憶が甦《よみがえ》って来るような気がした。

ふと、子供の顔が浮んだ。子供はノートに何を書いていたのだろう。無論、抽斗のなかにそのノートがあって、開いてみれば判ることだ。しかし私はノートの中身まで確かめてみようとは思わなかった。Ⓓもう、どうでもいい気持ちになっていた。その代り、手のなかの菩薩にむかって、

「どうかあの子が……」

と無闇《むやみ》に祈りたい衝動に⑤カられた。

(梅宮創造「児戯録」より)

(注)(一)瑠璃《るり》色――紫がかった紺色。

(二)虚空蔵菩薩《こくうぞうぼさつ》――知恵と慈悲の守り本尊。「こくぞうぼさつ」とも。

問一 傍線部①から⑤までのカタカナの部分を漢字で記せ。

問二 空欄㋐から㋔までに最もふさわしいことばを、次の語群から選んで記号で答えよ(一つの語を重複して選んではならない)。

a 心もとない　b やりきれない
c 面倒臭い　d 懐かしい
e 申し訳ない　f 生々しい

問三 傍線部Ⓐ「またも小さな子の相手をする羽目になったわけである」について、「羽目になる」という言いかたにこめられたニュアンスを汲《く》んで、どうしてそういう表現がなされているのか、

わかりやすく説明せよ。

問四　傍線部Ⓑ「こうなるとお袋としては、小さな机の前にぺたんと坐っていた頃《ころ》が却《かえ》って懐かしく思われたのかも知れない」とは、お袋のどのような気持ちを思いやっているのか、わかりやすく説明せよ。

問五　傍線部Ⓒ「そのそばで、顔を机のほうにむけて、子供は軽い寝息を立てていた」とは、子供のどのような気持ちを伝えようとしているのか、わかりやすく説明せよ。

問六　傍線部Ⓓ「もう、どうでもいい気持ちになっていた」について、なぜ筆者がそんな気持ちになったのか、わかりやすく説明せよ。

---

†設問のレベル

梅宮創造『児戯録』に組み込まれている物語は、主人公「私」の心の中に起きるドラマだった。それは学校空間にふさわしく「成長」という言葉でまとめることが出来る。ただし、この場合子供の成長ではない。主人公の親としての成長だ。それは、あの時の親の気持ちがいま自分にもわかったという小さなドラマが心の中に起きたという、お決まりの形を取る。その時、やっと自分も親から自立したというわけだ。

こういう飽き飽きした陳腐な親子のドラマを、僕たちは新聞記事や読者の投書欄やインタビューやコラムや、その他さまざまな形で何度も何度も読まされ聞かされ続けている。親を理解すること、親と同じになること、これが学校空間で語られる「成長」の形だからである。学校化社会にあっては、それが唯一の「正しい成長」なのだ。だから、物語文は簡単である。「「私」が母と同じになる物語」。

設問を解こう。

問一。漢字の書き取りである。私立大学の入試問題は少し基準が緩いが、文部科学省がうるさく目を光らせている国公立大学二次試験では、漢字の書き取りが常用漢字表以外から出されることはまずないから、記憶力のいい受験生はきちんと対策が立てられることになる。①絞った。②挟む。③唆され。④崩さない。⑤駆られた。

問二。これはやさしい。日本語に対する普通の言語感覚を持っていれば、なんなく答えられる。これが出来ないようだと、大学生になるにはちょっと教養が足りない。とにかく、本を読みたまえ。アはc「面倒臭い」、イはf「生々しい」、ウはb「やりきれない」、エはd「懐かしい」、オはe「申し訳ない」。考えて答えの出る設問ではないので、解説も出来ない。

問三。「どうしてそういう表現がなされているのか」という聞き方には、この文章を書いている（ことになっている）「私」の気持ちを説明しなさいという含みがある。

ふつう「羽目になる」という言葉は、「困った」とか「都合が悪い」とか「迷惑だ」とか、よろしくない場合に使う。傍線部Aには、机を人のように表現する擬人法が用いられている。三十年の眠りから叩き起こされた机の身になって、「さぞ迷惑なことだろう」とおどけているのである。解答はこういうニュアンスを書き込む。

「三十年も前に自分が使っていた机が今度は自分の息子の机となることに、親としてのある種の感慨が湧いて、幼い子供に使われることになった机に迷惑だろうがよろしくとねぎらうような気持ちをもったから。」僕にも経験があるが、自分が使っていたものを息子が使うことは、喜びとも、面はゆさとも一言では表現できないような、何とも不思議な感慨が湧くものなのだ。この「私」もそうだったのだろう。

問四。今度「お袋」から孫（つまり「私」の息子）に送られてきた机は、「私」が兄と一緒に買ってもらった立派な方ではなくて、「私」が小学校五年生頃まで使っていた小さな座り机の方なのである。「私」は、そこに「お袋」の「思い」を読んだわけだ。「「私」が新しい机の購入とともに自室にこもりがちになり、急に親離れをしてしまったことに、淋しさを感じていたらしい「お袋」の気持ちを思いやった。」こうして、「私」はだんだん母と同じになってきた。ただ、問四の難易度は高校入試国語レベルだろうか。

問五。「子供はどのような気持ちでいるのか」ではなく、「子供のどのような気持ちを伝えようとしているのか」という設問の言い回しには、問三同様、本文の表現に対するきちんとした意識がある。気持ちの良い聞き方である。ここは「机が気に入った気持ち。」では簡単すぎて、少し減点されそうな気がする。傍線部Cの直前の記述を上手く利用した方が賢明である（**法則④**）。「新しく自分のものになった机が新鮮で、それが嬉しくてたまらない気持ち。」ではどうだろうか。ただし、大学受験小説の設問としてはいくら何でもやさしすぎる。これでは、中学入試国語レベルだ。大丈夫か？　大阪市立大学。

†時間を待つ父

問六。問六は問四と関連があって、子供が自立することは親にとって淋しいものでもあるという感慨を上手く答案に書き込めるかどうかで、点が違ってくるように思う。また、「私」もかつての母のように菩薩に祈りたくなることに注意したい。「私」は、親と子の人生は違うと悟った点において、母と同じになったのだと言える。それは、「私」が〈父〉として自立したときでもある。そのための時間を「私」は辛抱強く待ったのだ。

「かつて「お袋」は体の弱い「私」のために菩薩に祈ってくれたけれども、自分が「お袋」が買ってくれたお守りのことをすっかり忘れてしまっていたように、親と子の人生は同じではないことに気づいて、自分もまたいじめに遭っている息子のためには遠くから見守ることしかできないということを悟ったから。」

この設問だけが大学受験小説のレベルにある。字数を稼ぐために、「気持ち」を聞く設問では情報処理をせよというあの**法則④**を使うこと。

次の問題に移ろう。出題は東北大学（二〇〇二年度）、出典は横光利一『夜の靴』による。国公立大学二次試験として、ふつうの難易度の問題だ。

【過去問⑪】父と同じになる「私」

次の文章は横光利一『夜の靴』の一節である。戦時中に家族とともに山形の農家、参右衛門宅の一《ひと》間《ま》に疎開した「私」は、終戦後もそこにとどまり続けている。よく読んで、問いに答えよ。

ここから三里ばかり離れた京田という村で、代用教員をしている私の長男は、正教員が復員で帰って来たので解雇された。生徒たちは別れに、

「先生、東京へ帰るのか。もうちっといてくれェ。ぼた餅《もち》やるよう。」と云《い》ったという。十九で人生の悲しさを知った長男は、鼻緒を切らした足駄で、真暗な泥路《どろみち》を夜遅く帰って来てから、初めて月給を貰《もら》い、すぐ馘《くび》になった渋い辛《つら》さの表現の仕様がないらしい。

「悲しいかい。やっぱり。」と私は訊《たず》ねて笑った。

「そうだね、生徒と別れるのは、何だか悲しいなア。教員室はいやだけど。」

「ちょっと、月給袋を見せた。」

羞《はずか》しがって隠していた状袋を私は開くと、巻いた袋の重い底がずるずる下へ垂れてきて、中からしかつめらしい紙幣が出て来た。七十円ばかり入っている。

「沢山あるんだね。なかなか。」

「そう、宿直手当もあるんだよ。月給だけだと三十五円だけど。」

私は自分がある大学の教師をしていたとき、月給四十二円を貰った最初の日の貴重な瞬間のことを思い出した。あのときは、月給というものは金銭ではないと思ったが、(1)長男の月給はなおさらだ。

「一回月給を貰って、忽《たちま》ち餓とは、これはまた無常迅速なものだね。しかし、おれのときよりお前の方が多いから、豪《えら》いもんだ。」

私は嬉《うれ》しくなったので妻に参右衛門の仏壇へ状袋を上げてくれと頼んだ。

「あたしもそう思っていたんですのよ。でも、ここのは他家のお仏壇でしょう。かまわないかしら。」

「どこでも同じさ。」

私はやはり死んだ父に最初の子供の月給は見せたくて、こんなときは誰《だれ》もするようなことを、争われず自分もするものだなと思った。そのくせ自分が最初に貰ったときは、家に仏壇もあるのに帰途忽ち使ってしまったが、子供の月給となると、そうも簡単になりかねて、眼の向くところほくほくして来るのは、何とも知れぬ動物くさい喜びで気羞しいのは、(2)これはまたどうしたことだろうか。

「お前は夜おそく毎日帰って来たからな。あの長い真暗な泥路よく帰れたもんだ。」

私はそんなことは云わないが、どうも内心絶えずそう云っているようで、ふとまた自分の父のことも思い出したりした。私の父も表面さも冷淡くさく何事も色に出したことはなかったが、私の二十五歳のとき、「南北」という作品を私が初めて『人間』へ出してもらって父に送ってみると、京城でそれを読んだ父は、嬉しさのあまりその晩脳溢血《のういつけつ》でころりと死んだ。私の「南北」は発表後さんざんな悪評で、一度でぺちゃんと私は叩《たた》き落された。以来私にとって『人間』は人生喜劇の道場となり、いまだにここは鬼門だが、(3)鬼こそ仏と思うようになったのは、それから二十年も後のことである。歳月のままの表情というものは涙でもなければ笑いでもない。

「お前その月給何に使うんだい。」と私は子供に訊ねた。

「僕これで東京へ帰るんだよ。早く帰って、ピアノ弾きたいなア。いいでしょう、さきに帰ったって。」

「うむ。」

「この間お小遣いもらったの、十円だけ返しとこうか。」

何を云い出すやら。私はぽかんとして見ていると、

「だって僕、早く返しとかないと、使っちまうよ、一枚だけね。」

「まアまア、大変なことになったわね。」と妻は傍《そば》で聞きながらそう云って、仏壇からまた降ろして来た袋を子供に渡した。

「はい。十円。」

子供は一枚出して私にくれてから、また残りを大切そうに服のボタンの間に押し込んだが、受けと

ってはみたものの、失敗《しくじ》った、私は一度も父へはそんなことをした覚えのないのが、今さら突然に悲しくなった。私の子供は何も知らずに今こんなことを私の前でしているのだが、(4)知らずにしているということが、一番したことになっているのだ。私のは知りもしなければ、為《し》もしなかった。これが一層痛く胸を打って来て、こ奴《やつ》はおれよりも見どころのある奴だと私は思った。実際、私は論にもならぬことに感服しているらしい。とはいえ、父、子、孫、という三代には、自らそれ相当の行為の転調というものがあるものだ。人は三代より直接見ることは出来ないばかりか、それも五十にならねば分らぬことがいろいろある。年寄りじみたことながらも、これで年代の相違ということは年とともに私には面白くなって来る。

「ああ早く、ピアノ弾きたいなア。」

と子供はそんなことを仰向《あおむ》きに倒れてまだ云っている。

「明日東京へ行ったらいい。」

「ほんと。嬉しいなア。ああ嬉し。」子供は蒲団《ふとん》を頭からひっ冠《かむ》り、すぐまたぬッと頭を出すと、

「お母アさん、パパ東京へ明日行けって、いい、行っても?」まるでまだ子供だ。

私の十九のときは、私もその年初めて東京へ出て来たのだが、父にはそれまでひと言も行きたい学校さえ話さず、父からも聞きもしなかった。そして出発の前の日母に、明日東京へ行きます、とただそれだけ私は云っただけで、何の反対もされず京都の山科から行李《こうり》を一つ持って出てしまった。思うに私の父は私よりはるかに良い父であったばかりか、私の子供も子としての私よりは、子供らしい点では優《まさ》っているように思う。

（横光利一『夜の靴』による）

（注）○代用教員——旧制小学校にいた、免許状をもたない、臨時の教員。○復員——召集した軍人の兵役をとくこと。○「ちょっと、月給袋を見せた」——「月給袋を見せなさい」という意味の軽い命令のことば。○『人間』——里見弴《とん》、久米正雄らが中心となって発刊された文芸雑誌。○京城——現在の大韓民国の首都ソウル。

問㈠ 傍線の箇所(1)「長男の月給はなおさらだ」とあるが、「私」がそのように考えたのはなぜか、その理由を本文の内容に即して五十字以内で説明せよ。

問㈡ 傍線の箇所(2)「これはまたどうしたことだろうか」とあるが、そこには「私」のどのような心情がうかがわれるか、全体の内容をふまえて四十字以内で説明せよ。

問㈢ 傍線の箇所(3)「鬼こそ仏と思うようになった」とは、ここではどのようなことを意味しているか、本文の内容に即して四十字以内で具体的に説明せよ。

問㈣ 傍線の箇所(4)「知らずにしているということだ、一番したことになっている」とはどういうことか、本文の内容に即して五十字以内で具体的に説明せよ。

問㈤ 作品中で「私」は死んだ父のことを何度も思い起こしているが、そこには「私」のどのような父親への思いが読み取れるか、全体の内容をふまえて八十字以内で説明せよ。

†学校空間と他者

横光利一『夜の靴』は、一つ前の梅宮創造『児戯録』とまったく同工異曲の小説だ。息子が、昔の母や父の気持ちを主人公の「私」に理解させる役割を果たしているところまでそっくりである。ただ、「私」の親が母から父に代わっただけである。だから、物語文もそこだけ変えればいい。「「私」が父と同じになる物語」。

受験小説にはこの手の小説が少なくない。だいたいにおいて、主人公「私」の親が出て来たら、「「私」が親と同じになる物語」と見て間違いはない。学校空間のなかの親と子はお決まりの役割しか演じないからである。そこには「理解し合うことが正しい」という思想が厳としてある。悪いことではないが、僕は二つの疑問を感じる。

一つは、「理解し合うこと」がなぜいつも「「私」が親と同じになる物語」として語られなければならないのかということだ。その逆、「親が「私」と同じになる物語」は学校空間ではほとんどまったく見ることが出来ない。「親がいつも正しい」という光景はあまりにも退屈だ。「教師がいつも正しい」という光景が退屈なように。学校空間で教師が親のメタファーで語られることの意味については、センター試験の山田詠美『眠れる分度器』で十分に論じた。

二つは、学校空間では「理解できない物語」「同じにならない物語」がなぜ存在できないのかということだ。たとえば、『児戯録』には子供の親離れによる自立という要素が組み込まれていたのに、自立した子供すなわち「私」は親にとって他者にはならずに、いまこの文章を書くことで「「私」が親と同じになる物語」を反復してしまっている。だからこそ受験小説に採用されたのだろうが、そこがあまりにも退屈なのだ。「理解できる物語」「同じになる物語」の反復と強化は、他者を排除する感性を育てる。あまり多くない分量の本文で、ある程度まとまった物語を提供しなければならないしんどさは理解できるが、学校空間にももう少し僕たちの理解から遠い他者が存在できてもいいのではないだろうか。

†息子を通して父を見る

設問を解こう。どの設問にも「本文の内容に即して」とか「全体の内容をふまえて」とかいった注意書きが書き込まれている。過去問⑨の広島大学同様「大丈夫か？　東北大学の受験生。君たち毎年とんでもない答案を書いてるんじゃないのか」という気がするが、ここでは情報処理型の設問だということを確認しておこう（**法則④**）。なお、字数制限があるのは、字数合わせに苦労する反面、解答の目安になるので、受験生にとってはありがたい。

問㈠。「月給というものは金銭ではない」（十四行目）というのは、直前の「貴重な瞬間」を受けている。自分というものが社会に認められたその瞬間である。現代の世相に合わせて少し冷徹な言い方をすれば、自分という商品が社会で値踏みされた瞬間なのだが、「私」にはそういうシニカルな現代風の認識の仕方はないようだ。傍線部直後の「私」の言葉から、たった一カ月で解雇された長男の皮肉な運命を考慮して答案を作る。「生徒に慕われた喜びや別れの悲しみも詰ってはいるが、たった一カ月での解雇とはあまりにも酷薄だから。」(四十九字)。

問(二)。傍線部(2)を含む段落をまとめればいい。情報処理である。「父には冷たかった自分が、息子には人並みの愛情を感じることへのとまどい。」(三十五字)。

問(三)。「具体的に」という指示はたいていの場合どういうレベルを言っているのかわかり難いものなのだが、ここは雑誌『人間』に即してという意味だろう。「人生喜劇の道場となり」(二十九行目)とは〈人生を鍛える場となり〉といった意味で、「鬼門」とは苦手なことといった意味。答案はこうなる。「「南北」が悪評された体験こそが、その後の作家としての自分を鍛えたということ。」(三十八字)。

ところで、僕ならこの直後の「歳月のままの表情というものは涙でもなければ笑いでもない」(三十〜三十一行目)の方に傍線を引いて、「どういうことを言っているのか」と問うほうが面白いと思う。わけのわからない文章で、その分受験生のいろんな解釈が楽しめそうだから。僕は凡人だから「過去の事実は、「涙」や「笑い」によって解釈するのではなく、そのまま事実として受け容れなければならない」といった意味に理解する。君たちはどう理解するだろうか。

問㈣。やや逆説的な表現で、ここを出題したくなった気持ちはよくわかる。ただ、難易度はそれほど高くはない。答案は、ここが逆説的な表現だということと、「具体的に」という指示に気をつけて書く。あとは「親孝行」という言葉さえ思いつけば、情報処理程度の設問でしかない。「息子は親孝行だと思って十円を渡したのではないが、その自然な行為が一番の親孝行になっていること。」(四十七字)。

しかし、逆説の面白さをもっときちんと「具体的に」答えるには、八十字はほしかったところだ。僕は、ほんとうは「息子は親孝行だと思って十円を渡したのではないが、作為的でない分、その行為に親を思う気持ちが自然に表れていて、かえって一番の親孝行になっていること。」(七十三字)と答えたかった。字数制限問題の字数は出題者の理解のレベルを如実に表してしまうので、実は結構恐いものなのだ。この設問で五十字というのは、逆説的な表現の説明を少し甘く見たのではないだろうか。

問㈤。まさに「「私」が父と同じになる物語」そのものを問う設問。「私」は息子を通して自分と父との関係を見たのである。こういう親子関係の見方こそが、同じものを反復して作り出すという意味において、いかにも学校空間的なのだ。もちろん、この物語のキーワードは「理解」だ。答案では、テクストの後半部に、特に注意すればいい。字数から見て、情報処理を適度に。「若い頃は父を思いやることもなく身勝手な生き方をしてきたが、息子がその頃の自分の年になってはじめて父親の気持ちを理解し、自分を見守ってくれた父に感謝する気持ち。」(七十九字)。

国公立大学二次試験は本文を見つけてきて、それに適当に傍線を引けば出来るものではない。まず、傍線を引く場所によって出題者が試される。そして、制限した字数に出題者の読み込みの程度と受験生への期待度が如実に表れる。受験生は自分の受ける大学のレベルをきちんと値踏みしておこう。どんな試験でも受験生と出題者との真剣勝負の場であることに変わりはないのだから。

第七章

小説を読むこと、あるいは時間を止める病

†メタファーとしての病

この章で解く三編の小説は、いずれも結核という病をテーマとしている。なぜそんな小説ばかり集めたのか。理由は簡単である。結核という病が物語の時間を止めるからだ。いずれも戦前に書かれた小説で、この当時、結核に罹ることは死を意味した。だから、時間は止まる。仮に〈それからどうした?〉と問えば、「死に至った」という答えしか返ってこない病、それが結核であった。〈それからどうした?〉という物語論的な問い自体が無意味な地点に追いやられてしまう病、それが結核であった。

しかし、時間が止まることは、つまり自分の未来が望めなくなることは、逆に時間を渇望することでもある。島木健作『ジガ蜂』の「私」は四季の時間を命そのものと感じているし、堀辰雄『菜穂子』では時間は「瞬間」に凝縮されている。また、横光利一『春は馬車に乗って』では時

間は決して直進せずに、「理論」に姿を変えて「私」の周りをぐるぐる回り続ける。どの小説も、実は時間そのものがテーマとなっていると言っても決して過言ではない。繰り返すが、それは結核によって時間が堰き止められたからこそ可能になったことなのだ。もはや時間に希望を持てなくなったその地点が、最も時間について考えさせられる地点でもあるという逆説が、ここにはある。

では、なぜ結核にそれだけの力があったのか。それは、結核がただの病ではなく意味《メタファー》だからだとスーザン・ソンタグは言う（『隠喩としての病い』みすず書房、一九八二年）。戦前の日本でも「美人薄命」と言われたが、それは色白の（ほんとうは、病気で青白いのかもしれないが）美人は結核で早死にするという意味だった。向田邦子の名作『あ・うん』には、結核の疑いをもたれて、自分が美人になったように思う少女が出てくる。ソンタグによれば十九世紀のヨーロッパでも事情は同じで、結核はその凄惨な実態とはかけ離れたロマンチックなイメージに包まれて、多くの文学作品を生みだしたのである。

ついでに言うと、ソンタグは、結核が抗生剤の発明で治る病気になった現代では、最も意味作用の強い病はガンだと言う。ガンはまるで「侵略者」のイメージで語られ、そのためにガンの治療は「戦争」の比喩で語られていると言う。ソンタグ自身ガンからの「生還」を果たした女性であるだけに、説得力を持つ議論だ。ガンが日本人の死因の三割以上を占める現在、あまり好ましい比喩ではないが、「あいつは会社のガンだ」と言えば、その意味するところは誰にでも通じる現実が、ガンが最も強い意味作用を持つ病であることを証明している。

そういうソンタグだから、エイズが国際的な問題となったときには、この病が隠喩として語られることで、実際以上に恐ろしい病であるような差別的なイメージが拡大しないように、すぐさま警告を発した（『エイズとその隠喩』みすず書房、一九九〇年）。メタファーとは文学の種子でもあるが、現実をそうある姿とは違ったものに見せる色眼鏡のような役割も果たす。その意味で、言葉を学ぶことはメタファーを学ぶことでもある。

話を戻そう。この章で読む三編の小説はどれも結核という意味《メタファー》が書かせた小説だ。物語の時間を止めれば小説が生まれると言えるほど事態は単純ではないけれど、物語の時間を止めたときに言葉が強力なメタファーとして働き始めることは事実である。なにしろ先に進めないのだから、メタファーとして働く以外に言葉の働き方はないのだ。これらの小説では、病は時間を止めるなにものかを意味《メタファー》し、時間は命を意味《メタファー》する。「字義的な意味」などまるで無視して、小説とはメタファーの芸術だ、これをこの本の結論にしておきたい。

はじめに解くのは島木健作『ジガ蜂』、信州大学（二〇〇〇年度）の問題だ。特に難しくはないと思う。

【過去問⑫】自然の中で生きる「私」

次の文章は島木健作『ジガ蜂《ばち》』の一節である。これを読んで、あとの問いに答えなさい。

翌朝、私が朝飯をすました頃《ころ》には、彼はもうやって来ていた。それまでにもう彼が昨日のようなことを繰り返したかどうかはわからない。私が見た時には、穴のある柱のまわりを、何か警戒でもするらしくしきりに動きまわっていた。遠くから段々距離を狭《せば》めつつ慎重な態度で穴まで来ると、今までのように頭からでなく、逆に尻《しり》の方から穴のなかへ入って行った。しかし全身をすっぽりと入れ切ることなく、胴体だけを入れて止まり、上半身は外に出しているのである。

しばらくそのままの恰好《かっこう》で彼は静かにしていた。じっとしているようではあるが、よく見ていると、彼はただ無意味にそうしているのではなくて、あるいとなみ——しかも彼にとって重大ないとなみの最中にあることがわかるのである。時々かすかに体を動かしてみる。またじっとする。ある一つ事に全身を傾けながら、しかも絶えず八方に眼《め》を配って危害を加えようとする者に向って警戒しているらしい。死んだ時以外には動かぬ時が想像できなかったような彼だけにことさら真剣な面持ちに見えた。たしかにこれは生命《いのち》をかけたいとなみである。……そして漸《よう》く私にもわかって来た。ジガ蜂は卵を生みつけつつあるのである。

それはかなり長い時間だった。漸くにして彼は出て来た。軽くなったらしい尻を上げ下げする動作に重大な務めを終えたあとの安堵《あんど》を見せながら、また穴のまわりをくるくると廻《まわ》った。それから飛び去って行った。また帰って来た時に今度も彼は何かをくわえ込んでいる。彼はそれをくわえたまま穴に首を突っこんでしきりに何かやっていた。穴はジガ蜂の体の陰になって寝ている私からはよく見えなかった。やがてジガ蜂が身を退《の》けた時、私は驚いた。穴の入口は壁土のごときもので綺麗《きれい》に塗り固められてしまっている。白い美しい壁土である。それで私はさきに彼がくわえて来たのは土塊《つちくれ》であり、自分の唾液《すいえき》か何かで溶いて塗り固めたのだということを知った。それにしてもあの白さはどういうのだろう。土を練り上げる蜜《みつ》の作用ででもあるのだろうか？

　ジガ蜂はさも満足気に触角を振りなどしていたが、やがて翅《はね》音も高く飛び去った。翌日彼はまたやって来た。そして異常なしと知るとすぐに飛び去った。私はほかの穴を注意して見た。そしてそれらの穴々が、いつの間にか次々に塗り固められて行っているのを見た。

　それは暑い八月の半ば過ぎであった。ことに何十年ぶりとかの酷暑の年だった。病気の私は全く弱り切っていた。二日続きのジガ蜂の一挙一動を観察するのにさえも私はひどく疲れた。初夏の頃に私を喜ばせた彼等の活発な挙動も、今はむしろ煩わしく、うるさかった。それに彼等の活発な行動が生殖のためだというはじめから自明なことも、その時の私の気分にはなじまなかった。あの白い壁に何か細い棒を一本一本刺し込んでやったらどんなものだろう……私はそんなことを空想した。病気がもう少しよく、歩ける程度だったら実際私はそれをやったにちがいなかった。A来年卵が*むしける頃、――そういう時間が第一私には重苦しく思われた。私には一ケ月先を予想して何かを考えるのさえ、頼りなく思われることがあった。そうかと思うと、十年二十年先を予想して大きな夢想に耽《ふけ》っていることがあった。こういう取り止めなさが病気の悪くなりつつある証拠であると考え、絶望の病人ほど大きな夢想に耽りがちだという定説を考え、Bだがまたそういうことを一々自覚し反省していることに安心を覚えたりもするのであった。

やがて夏が過ぎ、秋も去り、冬になった。賑《にぎ》やかだった私の部屋の虫どもも影を消した。だがなおそこに残っているものがあった。冬の蠅《はえ》は珍しくない。しかし冬のカマキリとか冬のカメムシとかいうものはどうだろう？　十二月初め頃までなら道ばたに足を引きずっているヨボヨボしたカマキリを見ることがある。しかし私は一月も末になってから障子につかまっている彼を発見したのだ。あの臭ガメに至っては二月に入ってからあらわれた。彼等《かれら》は何《いず》れも夏の青みを失って――種類がちがうのかも知れないが――出来のわるい干葉《ひば》のような色をしていた。臭ガメのあの臭い汁も今ではもう蒸発し切っているようだった。午後になると私は日当りのいい南向きの障子窓にすぐ近くおいた籐椅《とうい》子《す》の上に寝に行く。すると彼等もいつの間にかそこの障子にやって来ている。彼等は仲よくならんでいる。私の顔と彼等とは一尺《しゃく》しか離れていない。日がかげるまで我々はそうしてほとんど身動きもしない。

ある日はまた、私が机の前の障子をあけた時であった。パラパラと音がして何か小さな豆のようなものが机の上にこぼれ落ちて来た。彼等はテントウ虫であった。彼等は群をなして越年するのに暖かい私の病室をえらんだのであろう。それからしばらく障子の上にも机の上にも本の上にも、到《いた》るところに黒地に真紅の色を染め抜いた日の丸を背負った彼等の賑やかな行進が続いていた。彼等は私の寝床の上までも這《は》って来た。

私はこういうものたちを伴侶《はんりょ》にして冬を籠《こも》った。その間にも病気は一進一退した。また暖かい季節が巡って来て、ある日私はあの元気な、なつかしい、ぶーんという翅音を聞いた。私ははっと思って、胸のときめきをさえ感じた。私はジガ蜂のことをすっかり忘れてしまっていた。私は急に思い出して、去年のあの白壁塗りの穴を見た。私はそろそろと起き上って行って、近くに寄ってつくづくと見た。するとどうだろう、白壁の真中にはいつの間にか小さな穴がすぽっとあいているではないか。私はほかの白壁も調べてみた。そのどれもが、内から破られて以前の穴にかえっていた。

　私がそうしている間にも一匹二匹と数を増して来たらしい飛ぶ虫の翅音は、立っている私の周囲をめぐって次第に高く強く聞こえて来るのであった。やがてその音は部屋うちに溢るるばかりに遍満して来た。C私はその時はじめて衰えた心身にしみとおるばかりの生の歓喜を感じたのである。

注　＊むしける……卵から幼虫がかえる

問一　この作品では登場する虫たちを「彼・彼等」と表現して擬人的に描いている。このような工夫は作品の表現上、どのような効果を与えているか。本作品に即して説明しなさい。

問二　傍線部A「来年卵がむしける頃、——そういう時間が第一私には重苦しく思われた」とあるが、「重苦しく思われた」内容を「…思われた」という結び方で説明しなさい。

問三　「私」の心理に沿って本文を三つに区切るとしたらどこで区切ることができるか。区切りの第二・第三にあたる部分の冒頭をそれぞれ五文字書き抜いて示しなさい。

問四 傍線部B「だがまたそういうことを一々自覚し反省していることに安心を覚えたりもするのであった」とあるが、「そういうこと」の内容を明らかにしながら、私が「安心を覚えた」理由について説明しなさい。

問五 傍線部C「私はその時はじめて衰えた心身にしみとおるばかりの生の歓喜を感じた」とあるが、この場面で「私」が感じた「生の歓喜」について解説しなさい。

†人間と虫の境界

メタファーが強力に働いている。メタファーの世界では、虫が人間であり、人間が虫だ（なにしろ「私」は虫のように「冬を籠った」りするのだから）。「一ケ月先を予想して何かを考えるのさえ、頼りなく思われることがあった」（三十一〜三十二行目）ほど「先」の見えない命を生きている「私」にとって、虫と人間との境界など無意味なものにすぎない。そういうことは「先」のあるものの考えることだからだ。

実は、僕自身、大きな病の疑いがあって検査の日々を過ごし、もしかすると来年の桜はもう見られないかもしれないと思ったことが、何度かあった。そういう年には、新緑がことのほか眩しく感じられたことをいまでもよく覚えている。新緑が僕の命を支えていてくれるかのようにさえ思った。だから、いまでも木々が剪定されるのを見ると、自分の命が切られているようで、身体の奥深いところにはっきりと痛みを感じる。あの時の僕には、生きるものすべてが命のメタファーだったのだ。あの時の僕は、ほとんど『ジガ蜂』の「私」だった。

ただ、僕のこういう感じ方こそが文学の伝統の力によるものだとつくづく思う。日本では古くは中国文学の影響を受けて「花と言えば梅」だったが、平安時代になると「花と言えば桜」ということになって、以後多くの和歌にも詠まれ続けてきた。僕が編集に携わっている第一学習社という教科書会社の高校国語でも、新年度のはじめに学習する教材には桜を話題にした文章を載せることにしていたものだ。

明治期までは日本の学校は九月が新学期だったが、大正十（一九二一）年にいまのように四月を新学期とするようになってからは、「桜＝新しい命の季節」という感性が強化されたに違いない。しかも、日本には新緑や小さな生き物に「命」を感じる感性の伝統があったから、君たちにも『ジガ蜂』の「私」の感じ方を想像することが出来るだろう。

そう言えば蟬の鳴き声も、西洋人は右脳で聞いて騒音と感じるが、日本人は言語を司る左脳で聞いて声と感じるという説もある。日本人は自然と共に生きてきたなどと言うと、ナショナリズムの臭いがして厭な感じだけれども（実際は、近代になってからの日本人の「自然」の感じ方には、西洋文学からの影響が大きいのである)、僕の感じ方のいくぶんかは、そういう西洋の影響をも含めた伝統によるものだったろう。

それに、「自然は人間が征服するもの」という風に、自然と人間を対立的に捉えるのは西洋流の自然の捉え方で、日本では人間は大きな自然の一部であって、「人間は自然に生かされているもの」という具合に、共生関係の相手として自然を捉えるものだと、一般的には理解されていると思う。たとえば、志賀直哉の大作『暗夜行路』の終わり近くの場面でも、家の中で苦しみ抜いた主人公が体が不調なまま大山《だいせん》という山に登って衰弱してゆく場面などが、「自然との一体感が出て実に良い」などと評価されたものなのだ。『ジガ蜂』は、こういう一般的な日本人の自然観によって書かれているとも言える。

最後に肝心なことを。この「私」がなぜ結核だとわかるのか。一つの答えは島木健作という固有名詞と結核との結びつきだ。でも、これは文学史の常識ではないだろう。もう一つの答えは、こういう自然観を持つ病こそが結核だという結核観とでも言うべきものである。こういう語り方と結核との結びつきは、ある時期まで日本文学の型みたいなものだったのである。これは、文学的感性の常識だと言えるだろうか。

さて、もし『ジガ蜂』に物語文を作るなら「「私」がジガ蜂の誕生に命の確かさを感じる物語」とでもなるだろうか。ほとんど時間の流れのない、物語文の限界を行く物語文である。問五はこの物語文に直接関わる。

設問を解こう。さっそく、人間になった虫に関する問題だ。

問一。過去問問題集は「我々はそうしてほとんど身動きもしない」(四十四行目)といった一節に注意しなさいとアドバイスする。まったくその通りで、この時「私」も虫も一体化している。この設問は、「擬人法」を単なる表現技法と捉えずに、「私」の実感として読めないかという提案であろう。答案はこの提案を受けて書く。「自然に囲まれて生きている「私」が、虫も自分も同じ命を生きるものとして一体感を感じていることを表現している。」

問二。これは問四とセットになった設問。この二つの設問で、死と生との間で揺れる「私」の「気持ち」の振幅を捉えさせようとしている。どうして問二と問四との間に全体の構成を押さえさせる問三が割って入ったのか、不可解である。問三は二番目、つまり問二として置くべき設問だったろう。

問二の傍線部Aは、僕が翌年の桜を待ち望んだ気持ちと通じるところがある。僕の解答は「来年になれば卵から幼虫が孵《かえ》って新しい命が生まれるのに、自分はその時まで生きていられるかどうかが確かではないと思われた。」となる。ここは、「なぜ、そう思ったのか」と聞いた方が「〜と思ったから」とスッキリ答えられるところだ。

†段落分けには小見出しを

問三。全体の構成を押さえさせるために段落分けの設問を設けることには、僕は基本的に反対だ。その理由は、段落分けは読者の読みと深く関わっているので、読みが違えば段落分けも異なって当然だからである。それを一つの「正解」の中に押し込めるのは、読みの個性を否定することと同じではないか。

だから、もし段落分けの設問を設けるなら、それぞれの段落に十字程度の小見出しを付けさせて、受験生の読みがわかるように配慮すべきだ。段落分けと小見出しの表現とが一致していれば点を出せるように、採点基準を柔軟に設けておけばいいのだ。そういう手間を省くのは、文学に対する無理解と、手抜き以外の何ものでもない。

ここは、「『私』の心理に沿って」という基準と「三つに区切る」という条件とが提示されているから(つまり、読みの枠組をあらかじめ出題者が提示しているから)、段落分けの設問としてぎりぎりのところで許せると思う。もっとも、ここは「心理に沿って」ではなく、季節の推移で区切っても同じことなのだが。

第三段落はすぐに決まるはずだ。「また暖かい季節が巡って来て」(五十一行目)以降、「私」の気分が一転して「胸のときめきをさえ」(五十二行目)感じ、ついで生命の喜びをも感じるに至るのだから、ここしかない。したがって、「正解」は「第三＝また暖かい」となる。

迷うのは第二段落の方だろう。一つ考えられるのは「それは暑い八月の半ば過ぎであった」（二十五行目）で、この「それ」はそれ以前のことを指してはいるものの、ここから「私」の心理描写が始まるのだから、区切りと言えば言える。ところが、ここを区切りとしてしまうと、それ以前の第一段落には「私」の心理を記述したところがほとんどないことになってしまう。それでは「「私」の心理に沿って」という基準と合わない。そこで、「やがて夏が過ぎ」（三十六行目）を候補として考えることになる。ここなら、確かに「私」の「心理」は展開している。そこで「正解」は「第二＝やがて夏が」となる。

僕の読みを小見出しとして示しておこう。「第一＝ジガ蜂を見て揺れる「私」の気持ち」、「第二＝生き物と一体化する「私」」、「第三＝生命の歓喜を感じる「私」」。これが、僕の読んだ「私」の「心理」の推移だ。このテクストが、たしかに「私」の「心理」に即してきちんと構成されていることがわかるだろう。全体の構想を押さえるためには、君たちもこういう風に小見出しを付ける練習を繰り返すといい。

それから、先に言ったように、この「心理」の展開はそのまま「夏」→「冬」→「春」と展開する季節の推移とピッタリ一致する。季節と「心理」が重なるところが「日本的構成」と言いたいところだが、結核小説にはよくあるパターンでしかない。

問四。先に述べたように、この設問は問二とセットになっている。傍線部Aでマイナス思考になっていた「私」が、傍線部Bでは逆にプラス思考になっているのである。そこを答案にきちんと出せればいいわけだ。「そういうこと」とは〈絶望の病人ほどずいぶん先のことを考えるものだという定説〉を指している。そういう悪い「定説」を悪い「定説」として対象化してきちんと意識できるなら、まだ「私」も大丈夫だと思ったのである。「私」の意識を、その意識の外側から見ているもうひとりの「私」(つまり「私」の自意識)を考慮して考えなさいという設問である。「無自覚に大きな夢想に耽りきってしまうのではなく、絶望の病人ほど大きな夢想に耽りがちだという定説があることを自覚できているのなら、そういう自覚を持つ「私」自身はまだ絶望的な状態ではないと思ったから。」

問五。最後に「「私」がジガ蜂の誕生に命の確かさを感じる物語」を確認する設問が来た。こういう文章を選んだ以上、当然聞くべきところだ。

先に語った僕の体験と感じ方とを噛みしめてくれたなら、ここはなんなく答えられるはずだ。字数稼ぎのために情報処理を忘れずに(**法則④**)。「生殖に励むジガ蜂をはじめは重苦しく感じたが、翌年の春になって「私」が忘れた頃にシッカリと新しい命を誕生させたジガ蜂の生の営みを見て、自分も年を越して生きていられた喜びを感じ、ジガ蜂のように生の営みを続けていけそうな意欲が体に満ちてきたということ。」

次は堀辰雄『菜穂子』、香川大学（二〇〇〇年度）の問題。香川大学には悪いけれども、この問題はこの章の本命ではない。最後の『春は馬車に乗って』があまりにも難しいので、その練習という感じで解いてもらえばいいと思って選んだのである。難易度は普通だが、設問の出来も香川大学にしてはあまりよくない。よく読んでほしいのは本文の方である。

【過去問⑬】人の心を試す病

次の文章は、結核を病んで山の療養所にいた菜穂子が、雪の日に突然東京の夫のもとに戻ってきた場面である。これを読んで、後の問いに答えよ。

「菜穂子、一体お前はどうして又こんな日に急に帰って来たのだ？」

圭介はそう菜穂子に訊《き》いてから、同じ事を二度も問うた事に気がついた。それから最初のときは、それに対して菜穂子が只かすかなほほ笑みを浮べながら、黙って自分を見守っただけだった事を思い出した。圭介はその同じ無言の答を(ア)怖れるかのように、急いで云い足した。

「何か療養所で面白くない事でもあったのかい？」

彼は菜穂子が何か返事をためらっているのを認めた。彼は彼女が再び自分の行為を説明できなくなって困っているのだなぞとは思いもしなかった。彼は其処に何かもっと自分を不安にさせる原因があるのではないかと怖れた。しかし同時に、彼は、たといそれがどんな不安に自分を突き落す結果になろうとも、今こそどうしても、それを訊かずにはいられないような、突きつめた気持ちになっている自分をも他方に見出さずにはいなかった。

「お前の事だから、よくよく考え抜いてした事だろうが……」圭介は再び追究した。

菜穂子はしばらく答に窮して、ホテルの北向きらしい窓から、小さな家の立て込んだ、一帯の浅い谷を見下ろしていた。雪はその谷間の町を真白に埋め尽していた。そしてその真白な谷の向うに、何処かの教会の尖《とが》った屋根らしいものが雪の間から幻かなんぞのように見え隠れしていた。

菜穂子はそのとき、①自分が若し相手の立場にあったら何よりも先ず自分の心を占めたにちがいない疑問を、圭介はともかくもその事の解決を先につけておいてから今漸《や》っとそれを本気になって考えはじめているらしい事を感じた。彼女はそれをいかにも圭介らしいと思いながら、それでもとうとう自分の心に近づいて来かかっている夫をもっと自分へ引きつけようとした。彼女は目をつぶって、夫にもよく分からすことの出来そうな自分の行為の説明を再び考えて見ていたが、その沈黙が性急な相手には彼女の相変らず無言の答としか思えないらしかった。

「それにしてもあんまり出し抜けじゃないか。そんな事をしちゃ、人に何んと思われてもしようがない。」

圭介がもうその追究を詮《あきら》めたように云うと、彼女には急に夫が自分の心から離れてしまいそうに感ぜられた。

「人になんか何んと思われたって、そんな事はどうでもいいじゃないの。」彼女は(イ)咄嗟に夫の言葉尻を捉えた。と同時に、彼女は②夫に対する日頃の憤懣《ふんまん》が思いがけずよみ返って来るのを覚えた。それはそのときの彼女には全く思いがけなかっただけ、自分でもそれを抑える暇がなかった。彼女は半ば怒気を帯びて、口から出まかせに云い出した。「雪があんまり面白いように降っているので、私はじっとしていられなくなったのよ。聞きわけのない子供のようになってしまって、自分のしたい事がどうしてもしたくなったの。それだけだわ。……」菜穂子はそう云い続けながら、ふとこの頃何かと気になってならない孤独そうな*都築明の姿を思い浮べた。そして何んという事もなしに少し涙ぐんだ。「だから、私はあした帰るわ。療養所の人達にもそう云ってお詫びをして置くわ。それなら好いでしょう。」

　菜穂子は半ば涙ぐみながら、そのときまで全然考えもしなかった説明を最初は只夫を困らせるためのように云い出しているうちに、不意といままで彼女自身にもよく分からずにいた自分の行為の動機も案外そんなところにあったのではないかと云うような気もされた。そう云い終えたとき、菜穂子はそのせいか急に気持ちまでが何んとなく明るくなったように感ぜられ出した。

　それから、しばらくの間、二人はどちらからも何んとも云い出さずに、無言のまま窓の外の雪景色を見下ろしていた。「おれはこんどの事は母さんに黙っているよ。」やがて圭介が云った。「お前もそのつもりでいてくれ。」

　そう云いながら、彼はふとこの頃めっきり老けた母の顔を眼に浮べ、まあこれでこんどの事はあたりさわりのないように一先ず落ち着きそうな事に思わずほっとしていたものの、一方このままでは何か自分で自分が物足らないような気がした。一瞬、菜穂子が急に気の毒に思えた。「若しお前がそれほどおれの傍に帰って来たいなら、又話が別だ。」彼は余っ程妻に向かってそう云ってやろうかと㋒躊躇していた。が、彼はふとこんな具合にこのままそんな問題に立ち返って話し込んでしまっていたりすると、もう病人とは思えない位に見える菜穂子を再び山の療養所へ帰らせる事が不自然になりそうな事に気がついた。明日菜穂子が無条件で山へ帰ると云う二人の約束が、そんな質問を発して相手の心に探りを入れようとしかけているほど自分の気持ちに余裕を与えているだけだと云う事を認めると、圭介はもうそれ以上その問題に立ち入る事を控えるように決心した。彼はしかし心の底では、どんなにか今のこういう心の生き生きした瞬間、③二人のまさに触れ合おうとしている心の戦慄《おののき》のようなものの感ぜられるこの瞬間を、いつまでも自分と妻との間に引き止めて置きたかったろう。――が、彼は今、心の前面に、㋓病床の中からも彼のする事を一つ一つ見守っているような彼の母の老けた顔をはっきりとよみ返らせた。そのめっきり老けたような母の顔も、それから又、その病気さえも、何か今こんな所でこんな事をしている自分達のせいのような気もされて、この気の小さい男は妙に今の自分が後めたいように感ぜられた。彼はその母が実はこの頃ひそかに菜穂子に手をさしのべていようなぞとは夢にも知らなかったのだ。そして彼自身はと云えば、最近漸っと一と頃のように菜穂子のことで何かはげしく悔いるような事も無くなり、再びまた以前の母子差し向いの面倒のない生活に一種の㋔不精から来る安らかさを感じている矢先でもあったのだ。――そう云った検討を心の中でしおえた圭介はもう少し全てが何んとかなるまで、このまま、菜穂子にも我慢していて貰わねばならぬと云う結論に達した。

菜穂子はもう何も考えずに、雪のふる窓外へ目をやって、暮がたの谷間の向うにさっきから見えたり消えたりしている、何んだかそれとすっかり同じものを子供の頃に見たような気のする、教会の尖った屋根をぼんやり眺め続けていた。

圭介は時計を出して見た。菜穂子は彼の方をちらっと見て、「どうぞもうお帰りになって頂戴《ちょうだい》。あしたも、もういらっしゃらなくともいいわ。一人で帰れるから」と云った。

圭介は時計を手にしたまま、ふと彼女が明朝こんな雪の中を帰って行って、もっと雪の深い山の中でまた一人でもって暮らし出す様子を思い描いた。彼はこの頃忘れるともなく忘れていた強烈な消毒薬や病気や死の不安のにおいを心によみ返らせた。なにか魂をゆすぶるもののように。……

(堀辰雄「菜穂子」)

〈注〉 ＊都築明——菜穂子の幼なじみ。

問一 傍線部㋐〜㋔の読みをひらがなで記せ。

問二 傍線部①「自分が若《も》し相手の立場にあったら何よりも先ず自分の心を占めたにちがいない疑問」とは具体的にはどういうことか。簡潔に説明せよ。

問三 傍線部②「夫に対する日頃の憤懣《ふんまん》」とはどのようなものか。全体を踏まえてわかりやすく説明せよ。

問四 傍線部③「二人のまさに触れ合おうとしている心の戦慄《おののき》のようなもの」に呼応する情景描写を含む一文を文中から抜き出し、その始めと終わりの五字で答えよ。(句読点も字数に含む。)

問五 菜穂子が山の療養所から突然夫のもとに帰ってきた動機はどのようなものだと思われるか。全体を踏まえて述べよ。

†残された時間

結核には「死の不安」(七十行目)が常につきまとい、日常の時間も物語の時間も止めるのだった。そういうときには心は未来には向かわず、自分の内面だけを見つめるようになるが、そうなると自分の内面には何の確たる根拠もないことが見えてきてしまうことがある。自分はいったいどういう理由によって何事かを決めてきたのか、そういうことさえもがわからなくなるのである。自分とは何かがわからなくなったと言ってもいい。

こういう状態を「実存的な危機」(津島佑子『水辺』の解説を思い出してほしい)と言う。そうやって見いだされた内面の空洞を、夫の言葉だけで(あるいは、夫の自分への関心だけで)埋めようとするもどかしい思いが菜穂子を捉えている。『菜穂子』は、マザコン夫とジコチュウ妻の諍《いさか》いの話と読むよりは（そういう読み方も間違いではないが）、そういう実存的な危機の話と読んでおく方が、次につながる。

この小説には〈それからどうした？〉という興味など持ちようがないことはあまりにもはっきりしている。それでも、仮に物語文にするなら「菜穂子が療養所に戻る物語」とでもなるだろう。そしかし、もちろんこれでは何の役にも立たない。書かれているのはただ心理劇だけだからだ。その心の分かり難さを伝えるために、わけのわからない持って回った文章が書かれたのだと、好意的に考えておこう。僕たち読者には〈なぜか？〉という問いさえ浮かばず、とにかくどういうことが書かれているのか、その自己主張する言葉に全神経を集中しなければならないような小説が『菜穂子』なのである。

設問を解こう。

問一。漢字の読みである。たしかに、大学生になるならこれくらいは読めてほしい。書けなくてもいいものはあるが。㋐おそ（れる）。㋑とっさ。㋒ちゅうちょ。㋓びょうしょう。㋔ぶしょう。

問二。これも持って回った表現である。傍線部①は、要するに「自分がもし相手の立場だったら、真っ先に抱いた疑問」ということで、具体的には「自分が主介だったら、真っ先に抱いた疑問」のことだ。これなら答えられるだろう。「なぜ、菜穂子が突然療養所から東京に帰ってきたのかということ。」これだけの答えだ。

ただ、ここまでの文脈をたどると、傍線部①のように表現したかった理由はわかる。傍線部①は、一度ならず「一体お前はどうして又こんな日に急に帰って来たのだ？」（一行目）と聞きながら、その問いかけが上の空であった圭介が、ようやく本気で菜穂子に問いかけ始めたところなのである。菜穂子にとっては当然のことが、圭介にとっては当然ではなかった。菜穂子にはそれを責めたい気持ちがあるし、そこにすがりたい気持ちもある。傍線部①の表現は、そのことを遠回しに言っているのだ。

問三。設問に「全体を踏まえて」とあるように、たしかにそうしなければ答えようがないだろう。記述式全体に言えることだが、特にこういう「全体を踏まえて」という指示がある設問には、複数のポイントを設けて答えるといい。と言うのは、採点もいくつかのポイントを設けて、ポイントごとに部分点を出しているに違いないからだ。この設問ではポイントは二つ。菜穂子にとって夫が自分と向き合ってくれない人物であること、そしてその理由。この二つをつなげると、解答はこうなる。「病弱な母親や他人の目ばかり気にしていて、自分とシッカリと向き合ってくれないことへの不満。」だから、マザコン夫と……ということになるのだ。

↑こんな設問はありか⁉

問四は、僕にはまったく不可解な設問だ。どういう意図なのかはぼんやりとは理解できるものの、何を聞いているのかはわからないし、これで受験生のどういう力を試したいのかはさらにわからない。悪問というのも愚かしい、いっそバカバカしい設問と言い切ってしまおう。

「心理」と「情景」を結びつけることが小説の読み方の常道であることくらいは、僕も知っている。だから、設問の意図だけはぼんやりとはわかると言っているのだ。ただし、それを聞くことが許されるのは、「心理」と「情景」を結びつけることで小説の構成がキッチリと把握できるようになる場合か、両者を結びつけることでそれぞれに新たな意味が付与されて小説の読み方が深まる場合だろう。いずれにせよ、答えがはっきり出るのが前提である。ところが、この設問にはこれといった答えがないのだ。

設問は「情景描写」と言うが、文学理論で言う「描写」がどういうものかは『ハタハタ』のところで説明した。「何かの事物についての記述ではあっても、その記述によって物語の時間が進行しない記述」だった。『菜穂子』にはこの定義に当てはまるところは一ヵ所しかない。それは「そしてその真白な谷の向うに、何処かの教会の尖った屋根らしいものが雪の間から幻かなんぞのように見え隠れしていた」（十三〜十四行目）である。しかし、ここは傍線部③と「呼応」してはいない。

そこで、よく設問を読むと「情景描写を含む一文」を指摘せよと言っている。それなら、なるほど先の一文は一文すべてが「描写」なので、「情景描写を含む一文」という指示には当てはまらないわけだ。そこでこの指示に合うところを改めて探すと、かろうじて当てはまりそうなところが二カ所ある。「菜穂子はしばらく答に窮して、ホテルの北向きらしい窓から、小さな家の立て込んだ、一帯の浅い谷を見下ろしていた」(十二〜十三行目)と「それから、しばらくの間、二人はどちらからも何んとも云い出さずに、無言のまま窓の外の雪景色を見下ろしていた」(三十九〜四十行目)である。

この二カ所を比べれば、傍線部③の「二人のまさに触れ合おうとしている心の戦慄のようなもの」と似ているのが後者であることがわかる。ただし似ている理由は、前者は菜穂子ひとりの記述で、後者が夫婦二人の記述だからというにすぎない。これが傍線部③と「呼応」していると読む出題者の文学的感性は、僕にはよく理解できない。しかも、「描写」という専門用語を受験生がきちんと理解しているとも思えないのだ。だから、「情景描写を含む一文」などという指示にはそもそも無理がある。

どうしてもこの二カ所を結びつけたいのなら、僕は「傍線部③のように感じていたときの二人の様子を書いている一文を抜き出しなさい」と聞く。要するに、ただそれだけのことではないのか。

というわけで、どうやら「正解」は「それから、〜していた。」となるが、受験生は試験場では時間に追われているのだから、こういう設問に答える必要はない。
問五。これがすぐ答えられたら、ずいぶん真剣に恋をしたことがある証拠だ。菜穂子は結核の体に鞭打って雪の中を東京に帰ってきたのだ。本文の末尾を読む限り、夫にもそのことはわかっている。そういうぎりぎりのやりとりの場面なのである。「健康状態も意に介さず夫の元に帰って来て、夫を困らせることで夫の注意を自分に向け、どれだけ自分のことを思ってくれているかを試したかったから。」僕の貧しい経験からすると、男と女もこうなったらもう終わりが近い、なんてね。この問五が、次の最後の問題につながる。

最後は横光利一『春は馬車に乗って』、広島大学（一九九九年度）の問題。読者に対しても、受験生に対しても、ひどく残酷な問題。よくこの文章から出題する気持ちになったものだと思う。とにかく、本文が滅茶苦茶に難しい。広島大学も、この頃までは受験生を信じていたのだろうか。

【過去問⑭】いっしょに死んで下さい

——次の文章は、横光利一の小説『春は馬車に乗って』の一節で、肺結核の妻とそれを看病する夫との会話が中心となっている。当時、肺結核は不治の病であり、海辺や高原など空気の良いところに転地し、鳥の卵や内臓など滋養のあるものを食べて療養するほかなかった。これを読んで後の問いに答えよ。

ダリアの茎が干枯《ひから》びた縄のように地の上でむすぼれ出した。潮風が水平線の上から終日吹きつけて来て冬になった。

彼は砂風の巻き上がる中を、一日に二度ずつ妻の食べたがる新鮮な鳥の臓物を捜しに出かけて行った。彼は海岸町の鳥屋という鳥屋を片端から訪ねていって、そこの黄色い俎《まないた》の上から一応庭の中を眺め廻《まわ》してから訊《き》くのである。

「臓物はないか、臓物は」

彼は運良く瑪瑙《めのう》のような臓物を氷の中から出されると、勇敢な足どりで家に帰って妻の枕元に並べるのだ。

「この曲玉《まがたま》のようなのは鳩《はと》の腎臓《じんぞう》だ。この光沢のある肝臓はこれは家鴨《あひる》の生肝《いきぎも》だ。これはまるで、噛《か》み切った一片の唇のようで、この小さい青い卵は、これは崑崙山《こんろんさん》の翡翠《ひすい》のようで」

すると、彼の饒舌《じょうぜつ》に煽動《せんどう》された彼の妻は、最初の接吻《せっぷん》を迫るように、華《はな》やかに床の中で食慾《しょくよく》のために身悶《みもだ》えした。彼は惨酷に臓物を奪い上げると、直《す》ぐ鍋《なべ》の中へ投げ込んで了《しま》うのが常であった。

妻は檻《おり》のような寝台の格子《こうし》の中から、微笑しながら絶えず湧《わ》き立つ鍋の中を眺めていた。

「お前をここから見ていると、実に不思議な獣だね」と彼は云《い》った。

「まア、獣だって、あたし、これでも奥さんよ」

「うむ、臓物を食べたがっている檻の中の奥さんだ。お前は、いつの場合に於《おい》ても、どこか、ほのかに惨忍性を湛《たた》えている」

「それはあなたよ。あなたは理智《りち》的で、惨忍性をもっていて、いつでも私の傍らから離れたがろうとばかり考えていらしって」

「それは、檻の中の理論である」

彼は[a]彼の額に煙り出す片影のような皺《しわ》さえも、敏感に見逃さない妻の感覚を誤魔化《ごまか》すために、この頃いつもこの結論を用意していなければならなかった。それでも時には、妻の理論は急激に傾きながら、かれの急所を突き通して旋廻《せんかい》することが度々《たびたび》あった。

「実際、俺《おれ》はお前の傍らに坐《すわ》っているのは、そりゃいやだ。肺病と云うものは、決して幸福なものではないからだ」

彼はそう直接妻に向かって逆襲することがあった。

「そうではないか。俺はお前から離れたとしても、この庭をぐるぐる廻っているだけだ。[b]俺はいつでも、お前の寝ている寝台から綱をつけられていて、その綱の画《えが》く円周の中で廻っているより仕方がない。これは憐《あわ》れな状態である以外の、何物でもないではないか」

「あなたは、あなたは、遊びたいからよ」と妻は口惜《くや》しそうに云った。

「お前は遊びたかないのかね」

「あなたは、他の女の方と遊びたいのよ」

「しかし、そう云うことを云い出して、もし、そうだったらどうするんだ」

そこで、妻が泣き出して了うのが例であった。彼は、はツとして、また逆に理論を極めて物柔らかに解きほぐして行かねばならなかった。

「なるほど、俺は、朝から晩まで、お前の枕元にいなければならないと云うのはいやなのだ。それで俺は、一刻も早く、お前をよくしてやるために、こうしてぐるぐる同じ庭の中を廻っているのではないか。これには俺とて一通りのことじゃないさ」

「それはあなたのためだからよ。私のことを、一寸《ちょっと》もよく思ってして下さるんじゃないんだわ」

彼はここまで妻から肉迫されて来ると、当然彼女の檻の中の理論にとりひしがれた。だが、果たして、自分は自分のためにのみ、この苦痛を嚙み殺しているのだろうか。

「それはそうだ、俺はお前の云うように、俺のために何事も忍耐しているのにちがいない。しかしだ、俺が俺のために忍耐していると云うことは、一体誰故《だれゆえ》にこんなことをしていなければ、ならないんだ。俺はお前さえいなければ、こんな馬鹿《ばか》な動物園の真似《まね》はしていたくないんだ。そこをしているというのは、誰のためだ。お前以外の俺のためだとでも云うのか。馬鹿馬鹿しい」

こう云う夜になると、妻の熱は定《きま》って九度近くまで昇り出した。彼は一本の理論を鮮明にしたために、氷嚢《ひょうのう》の口を、開けたり閉めたり、夜通ししなければならなかった。

しかし、なお彼は自分の休息する理由の説明を明瞭《めいりょう》にするために、この懲りるべき理由の整理を、殆《ほとん》ど日日し続けなければならなかった。彼は食うためと、病人を養うためとに別室で仕事をした。すると、彼女は、また檻の中の理論を持ち出して彼を攻めたてて来るのである。

「あなたは、私の傍らをどうしてそう離れたいんでしょう。今日はたった三度よりこの部屋へ来て下さらないんですもの。分かっていてよ。あなたは、そう云う人なんですもの」

「お前という奴《やつ》は、俺がどうすればいいと云うんだ。俺は、お前の病気をよくするために、薬と食物とを買わなければならないんだ。誰がじっとしていて金をくれる奴があるものか。お前は俺に手品でも使えと云うんだね」

「だって、仕事なら、ここでも出来るでしょう」と妻は云った。

「いや、ここでは出来ない。俺はほんの少しでも、お前のことを忘れているときでなければ出来ないんだ」

「そりゃそうですわ。あなたは、二十四時間仕事のことより何も考えない人なんですもの、あたしなんか、どうだっていいんですわ」

「お前の敵は俺の仕事だ。しかし、お前の敵は、実は絶えずお前を助けているんだよ」

「あたし、淋《さび》しいの」

「いずれ、誰だって淋しいにちがいない」

「あなたはいいわ。仕事があるんですもの。あたしは何もないんだわ―」

「捜せばいいじゃないか」

「あたしは、あなた以外には捜せないんです。あたしは、じっと天井を見て寝てばかりいるんです」

「もう、そこらでやめてくれ。どちらも淋しいとしておこう。俺には締切りがある。今日書き上げないと、向こうがどんなに困るかしれないんだ」

「どうせ、あなたはそうよ。あたしより、締切りの方が大切なんですから」

「いや、締切りと云うことは、相手のいかなる事情をもしりぞけると云う張り札なんだ。俺はこの張り札を見て引き受けて了った以上、自分の事情なんか考えてはいられない」

「そうよ、あなたはそれほど理智的なのよ。いつでもそうなの、あたし、そう云う理智的な人は、大嫌い」

「お前は俺の家の者である以上、他から来た張り札に対しては、俺と同じ責任を持たなければならないんだ」

「そんなもの、引き受けなければいいじゃありませんか」

「しかし、俺とお前の生活はどうなるんだ」

「あたし、あなたがそんなに冷淡になる位なら、死んだ方がいいの」

すると、[d]彼は黙って庭へ飛び降りて深呼吸をした。それから、彼はまた風呂敷《ふろしき》を持って、その日の臓物を買いにこっそりと町の中へ出かけていった。

しかし、[e]この彼女の「檻の中の理論」は、その檻に繋《つな》がれて廻っている彼の理論を、絶えず全身的な興奮をもって、殆ど間髪《かんぱつ》の隙間《すきま》をさえも洩《も》らさずに追《お》っ駈《か》けて来るのである。このため彼女は、彼女の檻の中で製造する病的な理論の鋭利さのために、自分自身の肺の組織を日日加速度的に破壊していった。

彼女のかつての円く張った滑らかな足と手は、竹のように痩《や》せて来た。胸は叩《たた》けば、軽い張り子のような音を立てた。そうして、彼女は彼女の好きな鳥の臓物さえも、もう振り向きもしなくなった。

問一　傍線部aに、「彼の額に煙り出す片影のような皺」とある。これは、何をたとえているか。わかりやすく説明せよ。

問二　傍線部bに、「俺はいつでも、お前の寝ている寝台から綱をつけられていて、その綱の画く円周の中で廻っているより仕方がない」とある。これと、ほぼ同じ内容を表現している箇所を、文章中から十字以内で抜き出して書け。

問三　傍線部cに、「この懲りるべき理由」とある。なぜ、「懲りるべき」と言っているのか。四十字以内で説明せよ。

問四　傍線部dに、「彼は黙って庭へ飛び降りて深呼吸をした」とある。これは、彼のどのような気持ちを示しているか。わかりやすく説明せよ。

問五　傍線部eに、「この彼女の『檻の中の理論』は、その檻に繋がれて廻っている彼の理論を、絶えず全身的な興奮をもって、殆ど間髪の隙間をさえも洩らさずに追っ駈けて来るのである」とある。

1　「彼女の『檻の中の理論』」とは、どのようなものか。六十字以内で説明せよ。

2　「彼の理論」とは、どのようなものか。四十字以内で説明せよ。

3　「絶えず全身的な興奮をもって、殆ど間髪の隙間をさえも洩らさずに追っ駈けて来る」とは、どのような状況の比喩《ひゆ》か。五十字以内で説明せよ。

†言えない言葉

「いっしょに死んで下さい」――これこそが、決して言ってはならない言葉だとわかっていても、妻がどうしても言いたかった言葉ではなかったか。二人の会話は、この言葉の周りをぐるぐる「旋廻」(二十三行目)している。妻は、この言葉を言わないためだけに、我が儘とわかっていることを言い募って、夫を追いつめるのだ。

なぜ私のそばにいたくないの? 仕事があるからだ。なぜ仕事をしなくてはならないの? お前の治療費と二人の食い扶持を稼ぐためだ。でも、私にはあなたしかいないのよ? 締め切りがあるのだから仕方がないだろう。そんなものどうして引き受けたの? 生活のためだ。「あたし、あなたがそんなに冷淡になる位なら、死んだ方がいいの」(七十八行目)。このあとに妻が言える言葉は、もう「いっしょに死んで下さい」しか残されてはいないはずだ。それがわかっているからこそ、「すると、彼は黙って庭へ飛び降りて深呼吸を」(七十九行目)するしかなかったのだ。

『菜穂子』の妻菜穂子の望みは、たぶん自分を東京に引き取ってほしいということだったろう。結核は死に至る伝染病であって、かつ夫圭介には寝たきりの母がいる以上、叶わぬ願いとわかってはいても、残り少ない自分の命を考えれば、そう訴えずにはいられなかったのである。しかし、菜穂子の望みはそこまでだった。『春は馬車に乗って』の夫ははるかに誠実に妻と対話を繰り返している。にもかかわらず、彼に逃げ回っているかのような印象があるとすれば、あるいは彼に自分が逃げ回っているような意識があるとすれば、それは妻の懐に「いっしょに死んで下さい」という一言が隠されていることを、彼自身がよく知っているからに他ならない。『春は馬車に乗って』で繰り返されているのは、こういうぎりぎりの会話だ。それが、読みとれただろうか。

†メタファーとしての愛・理論としての愛

それにしても、『春は馬車に乗って』はなぜこういう奇妙な表現で書かれているのだろうか。それは、横光利一自身の言語観によっている。初期の横光は「新感覚派」と呼ばれたが、それはメタファーを多用した彼の表現の特質をよく捉えた命名だった。たとえば、『春は馬車に乗って』の次のような表現を見てほしい。

すると、彼の饒舌に煽動された彼の妻は、最初の接吻を迫るように、華やかに床の中で食欲のために身悶えした。彼は惨酷に臓物を奪い上げると、直ぐ鍋の中へ投げ込んで了うのが常であった。(十一〜十二行目)

この場面が、全体としてセックスのメタファーになっていることはすぐにわかるだろう。この表現を読んで、フロイトならば、この妻が我が儘を言い募るのは、結核のための禁欲生活による欲求不満が原因だと診断するかもしれない。「あなたは、他の女の方と遊びたいのよ」（三十二行目）という言葉が妻の口から発せられるのも、フロイト的解釈を補強しそうだ。

事実、夫の買ってきた食べ物は「瑪瑙のような臓物」（七行目）と表現されていた。「瑪瑙」とは装飾用の石のことで、宝石のメタファーと言えるだろう。つまり、ここは宝石を妻に贈った場面でもあるのだ。以下、たしかに彼は宝石を説明する言葉で臓物を説明している。妻の「身悶え」はそれに答えたものだったのだ。ここは、まるで初夜のような場面だ。ふたりは現実でのセックスを禁じられて、メタファーの世界でのみセックスをしていると言える。現実世界での抑圧が、文学の世界ではメタファーを生むのである。

ところが、地の文はこの夫婦のやり取りを「理論」だと言う。それはどういうことだろうか。現代の哲学に身体論という領域があって、デカルト以来の精神と体を別々のものと捉える人間観に再検討を加えている。「理論」という言い方について考えるためには、身体論がヒントになりそうだ。

つい最近亡くなった哲学者市川浩は、知覚について面白い報告をしている。内部を歪めて作ってある部屋に旦那を入れて、外から妻に覗かせる実験をした人がいると言うのだ。ところが興味深いことに、新婚の夫婦は部屋の方が歪んでいると答えるのに、中年の夫婦は自分の夫の方が歪んで見えると答えるのだそうだ(『精神としての身体』勁草書房、一九七五年)。僕などには中年の悲哀を感じさせる実験結果で、要するに知覚という客観的に思える身体感覚も、愛情という心の問題に左右されるということなのである。

こういう人間観を突き詰めていくと、心と理論との境目も曖昧にならざるを得ない。少し難しい言い方をすると、心とは身体化された理論であって、理論とは精神化された心であるということになる。つまり、心と理論はつながっていると言うか、人間の内面の働きが、身体化されて現れると心と呼ばれ、精神化されて現れると理論と呼ばれるということだ。

こう考えれば、『春は馬車に乗って』の地の文が「理論」と呼ぶものは「心」でもあるということになるわけだ。そうだとすれば、「檻の中の理論」とは「檻の中の愛情」とも言えるのである。この夫婦のやり取りが地の文でどういう風に語られていようとも、そこに「愛情」を読まないわけにはいかないのは、こういう理由によるのだろう。

さて、『春は馬車に乗って』は、現実のセックスをメタファーの世界でのセックスに変換し、愛情という心の問題を「理論」という精神の問題であるかのように見せてもいた。それは、すべて言葉の魔術のなせる技である。だから、この本の最後にこういう小説を読めることに感謝したいものだ。

ところで、物語文は、「研ぎ澄まされた理論が妻の体を弱らせていく物語」であって、同時に「研ぎ澄まされた愛情が妻の体を弱らせていく物語」でもある。また、「メタファーの世界でのセックスが妻の体力を奪う物語」であり、単に「肺結核の病状が悪化する物語」でもある。もちろん、設問を解くためにはどの物語文も役には立たない。設問は学校空間の内部で行われているのに、これは小説なのだから。

†メタファーを生きる言葉

設問を解こう。

問一。直前の妻の言葉に「いつでも私の傍らから離れたがろうとばかり考えていらしって」(十八〜十九行目)とあるのを踏まえて答える。「妻の傍らから離れたいという思い。」でいいと思う。ただし、離れたい理由については確定できないのだから、「遊びたくて」とか「仕事がしたくて」とかは書かない方がいいだろう。

問二。これは「馬鹿な動物園の真似」(九字、四十四行目)でいいはずだ。実際、動物園の動物は傍線部bみたいに、飽きもせずに同じところをぐるぐる回っている。あれは狭いところに閉じこめられて、少し神経症になっているらしいけど。

問三。夫が〈自分はお前のために仕事をしなくてはならないので、お前のそばにはいられないのだ〉という至極もっともな「理論」を述べると、それがわかっているだけに、妻の具合は悪くなる。そのことを答える。「妻を納得させるための理論が容態を悪化させ、一晩中看病しなければならなくなるから。」(四十字)。

問四。「気持ち」を聞く設問には、傍線部dの直後の彼の行動も踏まえて、情報処理を忘れずに(**法則④**)。ところで、こういうくさくさした感じは、若い君たちにわかるだろうか。合格のための解答は「死を口にした妻をそれ以上追い込むことは出来ないので、冷静になるためにいったん妻のそばを離れ、気を取り直して看病を続けようとする気持ち。」とでもなるだろうか。ほんとうは、「死を口にした妻をそれ以上追い込むと「いっしょに死んで下さい」と言い出しかねないので、お互いが冷静になるためにいったん妻のそばを離れ、気を取り直して看病を続けようとする気持ち。」と答えたいところなのだが、ここは合格のために我慢。

問五。妻と夫の言い分を一つ一つ解きほぐすように聞く設問。全体を踏まえて、それぞれの言い分をまとめる。1「夫はお前のために仕事をしていると言うが、本当は自分には冷淡で、実は仕事も自分から離れるための口実にすぎないという理論。」(五十九字)。2「自分は妻の療養費と二人の生活費のためだけに仕事をしているのだという理論。」(三十六字)。3「妻が、夫が自分以外のものへほんの少しでも関心を移すと、冷淡だと言って激しく夫を責め立てる状況。」(四十七字)。

僕なら「あたし、あなたがそんなに冷淡になる位なら、死んだ方がいいの」（七十八行目）に傍線を引き、「このあと、妻が言いたかった言葉は何か」とだけ聞く。そんな入試問題を一度は作ってみたいものだ。

しかし、これらの設問は、とりあえずこの奇妙な表現たちを、わかりやすくて安全な散文に「翻訳」することを求めているだけだ。そこには、危険な愛情もメタファーの面白さもない。だから、それは小説を読むことからはずいぶん遠く離れた仕事だと言える。ほんとうは、こういう設問には試合放棄するのが、『春は馬車に乗って』という小説に対する礼儀というものなのだろう。

そう、僕たちには小説は読めないのだった、奇蹟を起こさない限り。

あとがき

この本を書きながら一つ気になったことがある。あるいは慧眼の読者はそのことに気がついているかもしれない。僕が使った参考文献が古いものばかりなのだ。十年前のものならいい方で、二十年以上前のものも珍しくない。これは、大学院生時代に当時ニュー・アカデミズムと呼ばれた理論書を最も精力的に読み込んだ結果でもあるが、いまでも年間の本代が三百万円を超えたりしないように気をつけている僕が（もちろん多くの古本を含むけれども）、現代の理論書に目を通していないわけではない。でも、受験小説を読むのにはそれらの理論書はほとんど使えないのだ。

現代の理論書は、文学理論を含めて文学を文学の外側から論じるのが流行だ。つまり、文学をどう読むかではなく、文学というジャンル自体の意味について論じるものがほとんどなのである。そういう傾向がはっきりしはじめてからもう十年ほど経つだろうか。いま、それらはカルチュラル・スタディーズという名の下に集約されつつあるが、これが「小説が読めない」理論なのだ。いわば知の最前線と受験小説とがまったく乖離してしまっているのである。これは大学の文学部と教育学部の衰退や、国語教育のなかでの文学教育の衰退と深い関係がある。たぶん、現代文学の変容とも関わりがあるかもしれない。大学受験国語には是非小説を出題してほしいと考えている僕としては強い危機感を持っていて、この問題についてはもっと広い文脈の中で改めて考えておく必要があると思っている。

この本の各章のタイトルは、たとえばかつて流行った『批評あるいは仮死の祭典』(蓮實重彦の初期の名著、せりか書房、一九七四年)みたいな感じを真似たものだ。そういう二十年以上前のモードを真似る試みが自然と小説研究の再点検に導いてくれただけでなく、自由なスタイルで書くことが僕の精神をいくぶんか解放してもくれたらしく、研究上のヒントを思いの外たくさん得ることが出来た。小説と物語、小説と時間、小説と読者、小説と結核などなど、古くて新しい問題の重要性を改めて認識することが出来たのだった。これらについて論じることも今後の課題だ。

でも、この本は僕にもっと大きなものをもたらしてくれた。そのことを書いておきたい。

この本が僕にとって真に意義深いものとなったのは、「テストパイロット」という言葉を書き込んだ第四章を書いたときだ。そこで僕は〈研究者はテクストのテストパイロットのようなものだ〉という意味のことを言った。それは、二つの意味で意義深いものとなった。

一つは、研究者としての僕の仕事の意味を、「テストパイロット」という言葉ではっきりと認識できたことにある。これまで、僕の「読み」の仕事はどこかトリッキーという印象を与えがちだったらしく、多くの批判にさらされてきた。そういう批判には、「テクストの可能性」という言葉で答えるのが常だったけれども、「テストパイロット」という言葉を使うことで、テクストへの関わり方と言うか、研究者としての姿勢がくっきりと見えてきた気がするのだ。この言葉を手にしたいま、僕は自分の仕事の意味について迷うことはないと思う。

二つは、僕がなぜこの言葉をふと思いついてしまったかということに関わる。それにははっきりとした理由がある。僕の父は航空自衛隊のテストパイロットだったのだ。そして、僕が小学校に入学する前の年に、飛行機事故で亡くなった。もう四十年以上も前のことで、そのことに関してはほとんど記憶から抜け落ちているといってもいい状態だったのである。それがどういうわけか、僕自身の仕事の意味を語る言葉として蘇ったのだ。僕は不思議な因縁を感じないわけにはいかなかった。それは「『私』が父と同じになる物語」そのものだったのかもしれない。四十年前にふっと途切れてしまった僕と父との物語を、いまようやく閉じることができたように思う。

いや、もう一つあるかもしれない。この本を読んだ読者は、僕が物語よりも小説の方を評価しているような印象を持ったのではないだろうか。もちろんその印象は間違ってはいないけれども、僕は決して物語が嫌いではないのだ。むしろ、この本を書くことで物語への欲望を再確認したと言ってもいいくらいかもしれない。だから、この本を書きながら僕自身が「『私』が父と同じになる物語」といういかにも学校空間的物語を生きてしまったのだろう。以後、研究者としての僕は、小説と物語との間に引き裂かれながら研究活動を続けていくことになると思う。そういうことを確認できたことも、収穫の一つに数えていいかもしれない。

どうやらこの本は研究者としての僕の自己確認のための本にもなったようだ。この年になって改めて自己確認をしたとはいかにも迂闊な話だが、人は何度でも自己確認をやり直すことが出来るものだと思う。小説や物語には読者としての自分が映っている。この本が、読書という形での自己確認の手助けにもなっていたら、幸いなことだ。

なお、この本の記述はほんの一部拙著『小説入門のための高校入試国語』(NHKブックス)と重なるところがあり、「第一章　学校空間と小説、あるいは受験小説のルールを暴く」は既発表の「入試国語のルールを暴く」(斎藤美奈子編『21世紀　文学の創造4　脱文学と超文学』岩波書店、二〇〇二年)を大幅に改稿したものであることをお断りしておきたい。同じちくま新書の『教養としての大学受験国語』が評論を扱っていて本書の姉妹編と言えるが、『小説入門のための高校入試国語』も本書のもう一つの姉妹編として読んでいただければ幸いである。

最後に、たくさんの謝辞を書きとめておこう。

大学入試センター試験の解答は、教学社のものと駿台文庫のものと代々木ライブラリーのものを参照した。国公立大学二次試験の問題文を選ぶのには『全国大学入試問題正解　国語　国公立大学編』(旺文社)の二〇〇〇年度版から二〇〇三年度版までを用いた。解答は、このほかに『作者・作品別　現代文問題総覧　11〜13年度』(明治書院)も参照した。これらの過去問題集の解答がなければとてもこの本は書けなかったが、僕の「正解」の方がどれも多少なりとも「深読み」になっていると思う。そこに、僕自身の「読み」を忍び込ませておいたつもりだ。

問題文の掲載を許可してくださった著者の方々、問題の掲載を許可してくださった関係機関や大学にはお礼申し上げたい。批判的な言葉も書き込んだけれども、「批判は人を鍛える」というのが僕の信念だし、これらの問題文や問題が大学受験小説の中で良質な部類に属することは、改めて確認しておきたい。

この本は大袈裟に言えば、家内制手工業みたいにして書かれた。僕が書いた原稿を妻と息子に読んでもらって、改稿を繰り返したのだ。妻は一般読者の役割で、高二の息子は受験生の役割である。締め切りが逼迫していたので、妻は具合が悪い中をおして読んでくれたし、息子はクラブで疲れた日にもきちんと目を通してくれた。時には妻から異議が出て、僕が解釈を「修正」したところもある。横光利一『春は馬車に乗って』では、妻は「いっしょに死んでください」に首を傾《かし》げたが、歴史小説中毒気味の息子は「これ以上話せば、こう言うしかないでしょう」と事も無げに言い切って、僕に自信を与えてくれた。そういうわけで、僕の二人の家族に感謝したい。

執筆者としての僕は相変わらずの我が儘ぶりを発揮していたと思う。編集部の山野浩一さんからは、前著の『教養としての大学受験国語』刊行後間もなくその姉妹編である本書執筆の打診を受けたが、その時にはもうNHK出版と約束が出来ていていったんはお断りしたものの、NHKブックスの方は高校入試小説に特化した方がスッキリすることがわかったので、にわかにこの本の企画が復活したのだった。

その後は、例によって刊行の時期をこちらからお願いしておきながら一向に原稿が出来ない悪癖を繰り返し、山野さんにはぎりぎりの調整を何度かお願いすることになった。しかもそんな状況の中、山野さんは分量の問題を含めて自由に書かせてくれたのだった。山野さんの寛容に心からお礼申し上げたい。

二〇〇二年九月

石原千秋

ちくま新書
371

大学受験《だいがくじゅけん》のための小説講義《しょうせつこうぎ》

二〇〇二年十月二〇日　第一刷発行
二〇二一年七月三〇日　第一四刷発行

著者　石原千秋（いしはら・ちあき）

発行者　喜入冬子

発行所　株式会社 筑摩書房
東京都台東区蔵前二-五-三　郵便番号一一一-八七五五
電話番号〇三-五六八七-二六〇一（代表）

装幀者　間村俊一

印刷・製本　株式会社 精興社

ISBN978-4-480-05971-0 C0281

ちくま新書

032 悪文——裏返し文章読本　中村明
悪文とはなにか？　悪文のさまざまな要素を挙げ、その正体に迫るとともに、文章を自己点検する際のチェックポイントを示した悪文矯正のための実践的な文章読本。

134 自分をつくるための読書術　勢古浩爾
自分とは実に理不尽な存在である。だが、そのことに気づいたときから自分をつくる長い道程がはじまる。読書という地味な方法によって自分を鍛えていく実践道場。

154 思考のための文章読本　長沼行太郎
人の心に訴える文章は、どんな構造をもち、我々の思考回路とどのようにつながっているのか。あまたの文例を縦横に駆使して言語活動の内奥に迫る異色の文章読本。

158 危険な文章講座　山崎浩一
《バランス》なんて二の次だ。《ゆがみ》からこそ、理想的な自己表現は生まれる！　ユニークな視点と新感覚の語り口で展開する、ラディカルな文章講座。

165 勉強力をつける——認識心理学からの発想　梶田正巳
勉強の仕方や技法に関する本がよく読まれている。だが本当に役に立つのだろうか？　最後のノウハウでなく、途中の内面の働きに注目し、「学び」のしくみを解明する。

177 脳力を伸ばす学び方　高井高盛
頭が良いとはどういうことか？　そのための「努力」にも早道はあるのか？　最近の脳科学の成果を心理学とむすびつけ、これまでより一層効果的な学習法を提示する。

275 議論術速成法——新しいトピカ　香西秀信
議論の巧みな人たちがいる。彼らの意識的・無意識的な方法は古代ギリシアに始まる。ディベート時代に、それを公然と盗（活）用する現在形「議論のための発想の型」。

ちくま新書

333 独学の技術　東郷雄二

勉強には技術がある。できる人の方法に学ぼう。目標や意欲だけが空回りしがちな独学のビジネスマンや社会人に、遠回りのようで有効な方法と手順を具体的に指南。

365 情報の「目利き」になる！——メディア・リテラシーを高めるQ&A　日垣隆

ウソ情報にだまされず、知りたい情報をしっかりゲット、大切なことを誤解なく伝えるには？　ネット時代の「目利き」になるための、楽しくも刺戟的な実践講座！

037 漱石を読みなおす　小森陽一

偉大なる謎——漱石。このミステリアスな作家の生涯と文学を新たにたどりなおし、その魅力を鮮やかにくみあげたフレッシュな再入門書。また漱石が面白くなる！

220 せつない手紙——こころを伝える綴り方講座　小嵐九八郎

どんなに下手で誤りだらけの文章でも、そこには温かみがある。電子メールや携帯電話が花ざかりの時代に、手書きならではの、胸の襞を伝える手紙の作法を伝授する。

237 森鷗外　明治人の生き方　山崎一穎

作家として、軍医総監として二つの人生を生き抜いた巨人・森鷗外。西欧を体験した知識人は、近代化を急ぐ明治という時代とどのように対決したのか。渾身の評伝。

260 泉鏡花　佐伯順子

泉鏡花の描く世界は、おどろおどろしくも美しく、繊細にしてさらに〈劇的〉でもある。幾度も映画化、舞台化されたその作品を視聴覚的要素に焦点をあて探訪する。

367 太宰治　弱さを演じるということ　安藤宏

もはや無頼派ではない。その文学を作家の卑下と敗北の表明でなく、他人との距離を埋めるためのパフォーマンスとして読む。「隔たりことば」の名人太宰の再発見。